小古文 7

志人志怪

杜志建◎主编

汕頭大學出版社

图书在版编目（CIP）数据

小古文 . 7 / 杜志建主编 . -- 汕头 : 汕头大学出版社，2022.3
（疯狂阅读）
ISBN 978-7-5658-4613-7

Ⅰ . ①小… Ⅱ . ①杜… Ⅲ . ①文言文 – 阅读教学 – 中学 – 教学参考资料 Ⅳ . ① G634.333

中国版本图书馆 CIP 数据核字 (2022) 第 024659 号

小古文 . 7　　XIAOGUWEN. 7

主　　编：杜志建
责任编辑：汪艳蕾
责任技编：黄东生
策　　划：袁莹莹
封面设计：王媚设计工作室
版面设计：力源文化
出版发行：汕头大学出版社
　　　　　广东省汕头市大学路 243 号汕头大学校园内　邮政编码：515063
电　　话：0754-82904613
印　　刷：洛阳和众印刷有限公司
开　　本：890mm × 1240mm　1/32
印　　张：8
字　　数：218 千字
版　　次：2022 年 3 月第 1 版
印　　次：2022 年 3 月第 1 次印刷
定　　价：29.00 元
ISBN 978-7-5658-4613-7

目录

壹 聪明睿智

贰

风骨品性

叁 为国为民

肆 文坛趣闻

伍 动物有灵

陆 奇闻异事

柒

神鬼精魅

目录

壹

聪明睿智

陈述古辨盗

《梦溪笔谈》

陈述古[1]密直[2]知[3]建州浦城县日，有人失物，捕得莫知的为盗者，述古乃绐[4]之曰："某庙有一钟，能辨盗，至灵。"使人迎置后阁祠之，引群囚立钟前，自陈："不为盗者摸之则无声，为盗者摸之则有声。"述古自率同职祷钟，甚肃，祭讫[5]以帷围之，乃阴使人以墨涂钟。良久，引囚逐一令引手入帷摸之，出乃验其手，皆有墨。唯有一囚无墨，讯之，遂承为盗。盖恐钟有声，不敢摸也。

---

① 陈述古：陈襄，字述古，宋代人。

② 密直："枢密直学士"的简称。枢密院是古代管理军事机密、边防等事务的官署。

③ 知：主持，管理，这里指做县令。

④ 绐（dài）：欺骗。

⑤ 讫：完结。

译文

枢密直学士陈述古任建州浦城县知县的时候，有人丢失了东西，官府抓到了一些嫌疑分子，但不知道谁是真正的小偷。陈述古就骗他们说："某寺庙有一口钟，它能把真正的小偷辨认出来，非常灵验。"于是，就派人去把那口钟迎到官府后阁供奉起来，又把那群囚犯引到钟的前面，当面告诉他们说："没有偷东西的人，摸这钟是不会响的，而偷了东西的人一摸它就会发出响声。"陈述古亲自率领同僚向钟祷告，态度很是严肃。祭祀完毕，便用帷幕把钟围起来，然后暗暗派人把墨汁涂在钟上。许久之后，才带领囚犯一个个把手伸进那帷幕里去摸钟。摸完之后检验他们的手，每个人手上都有墨汁。只有一个囚犯手上没有墨汁，经过审讯，这个人承认自己是真正的盗窃者。因为他怕钟发出声音，所以不敢去摸。

陈太丘与友期行

《世说新语》

陈太丘[1]与友期行，期日中。过中不至，太丘舍去，去后乃至。元方[2]时年七岁，门外戏。客问元方："尊君[3]在不[4]？"答曰："待君久不至，已去。"友人便怒曰："非人哉！与人期行，相委[5]而去。"元方曰："君与家君期日中。日中不至，则是无信；对子骂父，则是无礼。"友人惭，下车引[6]之。元方入门不顾。

---

① 陈太丘：陈寔（shí），字仲弓，东汉名士，做过太丘县令。
② 元方：陈纪，字元方，陈寔的长子，有德行，以孝著称。
③ 尊君：对别人父亲的尊称。
④ 不：同"否"，句末语气词，表询问。
⑤ 委：丢下、舍弃。
⑥ 引：拉。

译文

陈太丘和朋友相约出行，时间约定在中午。过了中午朋友还没到，陈太丘不再等候就离开了，他离开后朋友才到。元方当时七岁，在门外玩耍。朋友问元方：“你的父亲在吗？”元方回答道：“等了您很久您都没来，现在我父亲已经走了。”朋友便生气地说道：“真不是人啊！和别人约定一起走的，却丢下别人自己走了。”元方说：“您与我父亲约在中午。到了中午不来，就是不讲信用；当着别人儿子的面骂孩子的父亲，就是无礼。”朋友感到惭愧，下车去拉元方，元方头也不回地走进了大门。

狄青智取党项

《梦溪笔谈》

宝元[1]中，党项[2]犯塞，时新募万胜军，未习战阵，遇寇多北[3]。狄青[4]为将，一日尽取万胜旗付虎翼军，使之出战。虏望其旗，易[5]之，全军径趋，为虎翼所破，殆无遗类[6]。

又青在泾原，尝以寡当众，度必以奇胜。预戒军中，尽舍

---

① 宝元：宋仁宗年号。
② 党项：宋朝时少数民族，曾建立西夏政权。
③ 北：失败。
④ 狄青：北宋时期名将。
⑤ 易：轻视。
⑥ 殆无遗类：几乎被歼灭殆尽。

弓弩，皆执短兵器。令军中闻钲[7]一声则止，再声则严阵而阳却[8]，钲声止则大呼而突之。士卒皆如其教。才遇敌，未接战，遽声钲，士卒皆止；再声，皆却。虏人大笑，相谓曰："孰谓狄天使勇？"时虏人谓青为"天使"。钲声止，忽前突之，虏兵大乱，相蹂践死者，不可胜计也。

---

⑦ 钲(zhēng)：古代军队中的一种乐器，样子像钟，有长柄。
⑧ 阳却：假装撤退。

译文

宝元年间，党项常常侵犯边境。当时刚刚招募的“万胜军”，还没有经过作战阵法的演习，与敌人作战经常败北。狄青当了将领，有一天，把万胜军的旗帜全部交给虎翼军，让他们出战迎敌。敌人望见这些旗帜，认为容易对付，全军径直冲过来，结果被虎翼军打败，几乎全军覆没。

此外，狄青在泾原带兵时，曾经要以少数兵力抵挡人数众多的敌人，他思虑到必须用计谋才能取胜。因此事先告诫全军都放下弓箭，一律使用短兵器。又传令全军，听到一声钲响就停止前进，听到第二声就严整阵容假装撤退，钲声一停，就高喊着冲向敌人。士兵们都像他要求的那样上阵。刚一遇敌人，还没有交战，钲声立刻响了起来，士兵们都停止前进；第二次钲声响起，又都撤退。敌人大笑，互相说：“谁说狄青是天使神勇？”当时党项人称狄青为“天使”。钲声停止后，士兵们突然一下子冲向敌人，敌兵阵脚大乱，互相踩踏，死亡的人不计其数。

东方朔[1]饮不死之酒

《博物志》

君山有道与吴包山潜通，上有美酒数斗，得饮者不死。汉武帝斋[2]七日，遣男女数十人至君山，得酒欲饮之，东方朔曰："臣识此酒，请视之。"因一饮至尽，帝欲杀之，朔乃曰："杀朔若死，此为不验；以其有验，杀亦不死。"乃赦之。

---

① 东方朔：西汉文学家，长于文辞，诙谐善辩，常以滑稽言辞对皇帝进行讽谏。

② 斋：斋戒，旧时祭祀前沐浴更衣，不饮酒，不吃荤，以表示诚敬。

译文

君山有一条路，跟吴地的包山暗中相通，君山上有美酒数斗，能饮此美酒的人就不会死。汉武帝斋戒七天后，派遣了数十位男女到君山，获得了酒。汉武帝想饮这酒，东方朔说："臣认识这种酒，请让臣看一看。"他拿到酒后，一饮而尽。汉武帝要杀他。东方朔就说："如果杀死了臣，这酒就不是传说的那种'不死之酒'；如果真是'不死之酒'，也就杀不死臣。"汉武帝就赦免了他。

汗不敢出

《世说新语》

钟毓、钟会少有令[1]誉。年十三,魏文帝闻之,语其父钟繇曰:“可令二子来。”于是敕见[2]。毓面有汗,帝曰:“卿面何以汗?”毓对曰:“战战惶惶,汗出如浆。”复问会:“卿何以不汗?”对曰:“战战栗栗,汗不敢出。”

① 令:美好。

② 敕见:皇帝下诏书接见。敕,皇帝的诏书。

译文

钟毓、钟会在少年时期就有美好的声誉。十三岁时，魏文帝曹丕听说这两个孩子的聪慧名声，就对他们的父亲钟繇说："可以叫这两个孩子来见我。"于是下令召见。钟毓脸上冒有汗水，魏文帝问："你脸上为什么出汗呢？"钟毓回答："由于恐惧慌张，害怕得发抖，所以汗水像水浆一样流出。"文帝又问钟会："你脸上为什么不出汗？"钟会回答："由于恐惧战栗，害怕得发抖，所以汗水也不敢冒出。"

会须杀此田舍翁

《续世说》

太宗尝罢朝，怒曰："会须杀此田舍翁。"后问为谁，上曰："魏征每廷辱[1]我。"后退，具[2]朝服立于庭，上惊问其故。后曰："主明臣直，由陛下之明故，妾敢不贺？"上乃悦。

---

① 廷辱：在朝廷中当着众官的面羞辱。

② 具：穿。

译文

有一次唐太宗罢朝回到后宫，怒气冲冲地说：“一定要杀掉这个乡巴佬。”皇后问是谁惹怒了陛下，太宗说：“魏征常在朝堂上羞辱我。”皇后退下，穿上朝服站在庭院内，唐太宗惊奇地问这是怎么回事。皇后说：“君主开明则臣下正直，如今魏征正直敢言，都是因为陛下英明，我怎么敢不祝贺呢？”唐太宗于是转怒为喜。

纪昀妙对乾隆

《清稗类钞》

纪文达[①]体肥而畏暑，夏日汗流浃背，衣尽湿。时入值南书房，每出，至值庐[②]，即脱衣纳凉，久之而后出。高宗[③]闻内监言，知其如此，某日欲有以[④]戏之。

会纪与同僚数人，方皆赤身谈笑，忽高宗自内出，皆仓皇披衣。纪又短视，高宗至其前，始见之，时已不及着衣，亟伏御座下，喘息不敢动。高宗坐二小时不去，亦不言。纪因酷

---

① 纪文达：纪昀字晓岚，谥号文达。
② 值庐：值班的书房。
③ 高宗：清高宗，即乾隆皇帝。
④ 有以：设法。

热不能耐，伸首外窥，问曰："老头子去耶？"高宗笑，诸人亦笑。高宗曰："纪昀无礼，何得出此轻薄之语！有说则可，无说则杀。"纪曰："臣未衣。"高宗乃命内监代衣之，匍匐于地。高宗厉声继问："'老头子'三字何解？"纪从容免冠，顿首谢[5]曰："万寿无疆之为'老'，顶天立地之为'头'，父天母地之为'子'。"高宗乃悦。

---

⑤ 谢：请罪。

译文

纪昀体态肥胖，特别怕热，每到夏天，常汗流浃背，衣衫尽湿，每次去南书房值班，总要赤膊纳凉，过很长时间才出来。乾隆帝从太监口中听说纪昀有这种情况，就打算设法戏弄他一番。

一天，纪昀与几位同僚又在书房里赤膊谈笑。忽然间，乾隆走出内宫，直朝书房而来，同僚们远远望见，慌忙披上衣衫，唯独纪昀因为近视，直到乾隆走到他面前时才发觉，却已来不及穿衣，情急之下，便趴躲在乾隆座位后边，喘着气，一动也不敢动。乾隆坐了两个小时，亦不说话。那天暑伏酷热，纪昀热得急汗淋漓，实在熬不住了，便伸出头来向外窥

探，问同僚们："老头子走了吗？"乾隆听了不觉闷笑，同僚们亦忍俊不禁。乾隆终于发话："纪昀，你好无礼，怎么能讲出这般轻薄的话！为何叫我'老头子'？如果你解释得体，就饶恕你，否则就要你的脑袋！"纪昀说："我没穿衣服。"乾隆就吩咐太监帮他把官服穿好。乾隆再一次用严厉的口气问："'老头子'三字，到底怎么解释？"纪昀不慌不忙地脱下顶戴，磕过头，解释道："陛下万寿无疆，这就叫'老'；您顶天立地，至高无上，这就叫'头'；天与地是皇上的父母，故而叫'子'。"这一番巧妙的恭维回答，说得乾隆开怀大笑。

解缙敏对

《古今谭概》

解缙[①]尝从游内苑。上[②]登桥，问缙："当作何语？"对曰："此谓一步高一步。"上大说[③]。及下桥，又问之。对曰："此谓后边又高似前边。"上大说。一日，上谓缙曰："卿知宫中夜来有喜乎？可作一诗。"缙方吟曰："君王昨夜降金龙[④]。"上遽曰："是女儿。"即应曰："化作嫦娥下九重。"上曰："已死矣。"又曰："料是世间留不住。"上曰："已投之水矣。"又曰："翻身跳入水晶宫。"上本欲诡言以困[⑤]之。既得诗，深叹其敏。

---

① 解缙：字大绅，号春雨、喜易，明代大臣，文学家。

② 上：指明成祖朱棣。

③ 说：同"悦"，喜悦。

④ 降金龙：生儿子。

⑤ 困：难倒。

译文

解缙曾经跟随皇上游览御花园。皇上登上桥，问解缙："应当怎么讲？"解缙说："这叫做一步高一步。"等到下了桥，皇上又问他。解缙说："这叫后边又比前边高。"皇上十分高兴。一天，皇上对解缙说："你知道后宫中夜里有喜事吗？可以作一首诗。"解缙刚吟诵一句："昨夜君王后宫中生儿子了。"皇上立刻说："是女孩。"解缙立即应答："化作嫦娥下到凡间。"皇上说道："她已经死了。"解缙说："想必是世间留不住她。"皇上说："已经把她投水里。"解缙说道："跳入水晶宫化作了龙女。"皇上本来想用假话来为难他，得到诗之后，深深地感叹解缙的才思敏捷。

孔融捷辩

《世说新语》

孔文举[①]年十岁，随父到洛。时李元礼[②]有盛名，为司隶校尉[③]，诣门者，皆俊才清称及中表亲戚[④]乃通。文举至门，谓吏曰："我是李府君[⑤]亲。"既通，前坐。元礼问曰："君与仆有何亲？"对曰："昔先君仲尼与君先人伯阳[⑥]有师资之尊，是仆与君奕世为通好也。"元礼及宾客莫不奇之。太中大夫陈韪后至，人以其语语之。韪曰："小时了了[⑦]，大未必佳。"文举曰："想君小时，必当了了。"韪大踧踖[⑧]。

---

① 孔文举：孔融，字文举。
② 李元礼：李膺，字元礼，东汉时期名士、官员。
③ 司隶校尉：官名，负责纠察京师百官。
④ 中表亲戚：泛指内外亲戚。
⑤ 府君：汉朝称郡太守为府君或使君。李元礼曾任河南尹，职同郡守。
⑥ 伯阳：老子李耳，字伯阳。孔子曾向李耳请教古礼，故有"师资之尊"之说。
⑦ 了了：聪敏。
⑧ 踧踖（cù jí）：局促不安的样子。

译文

孔融十岁的时候，随父亲到洛阳。当时李元礼名气很大，担任司隶校尉。凡是登门造访的，只有那些才智出众、有清高称誉的人或是自己的亲戚才给通报。孔融到了他家门前，对守门的人说："我是李府君的亲戚。"通报进门后，孔融上前坐下。李元礼问："您和我有什么亲戚关系？"孔融回答说："过去我的祖先仲尼曾经拜您的祖先伯阳为师，所以我和您是世世代代友好往来的亲戚关系。"李元礼和他的那些宾客没有不对他的话感到惊奇的。太中大夫陈韪后来才到，别人就把孔融说的话告诉给他听，陈韪说："小的时候很聪明，长大了未必很有才华。"孔融听后说："我猜想您小的时候一定很聪明吧。"陈韪听了感到非常尴尬。

李成梁夫人毙二寇

《智囊全集》

相传李帅成梁[①]夫人乃辽阳民家女也。辽民时苦寇掠，往往掘深井以藏货财。此家以避寇去，独留女伏守井中。有二寇入其室，觉井中有人，一人悬缒[②]而下，得女甚喜，呼党先牵女上。党复临[③]视，欲下缒，女自后遽推堕，即以物压盖之，得系马于门，跨而走。

数日寇退，父母俱还家，女言其故[④]，相与[⑤]毙二寇，取首邀赏。李帅时在伍，闻女智略，求为妇，后为一品夫人。

---

① 李帅成梁：李成梁，明朝后期名将。

② 缒（zhuì）：系到绳索上放下去。

③ 临：向下看。

④ 故：早先发生的事情。

⑤ 相与：共同。

译文

相传李成梁元帅的夫人，本是辽阳的民家女。当时辽阳的百姓常遭贼寇侵扰，居民往往挖掘深井，而将家财埋藏井中。有一户民家，全家为躲避贼寇而暂居他地，只留下一个女儿留在深井中看守财物。有两名贼人进入民宅抢掠，发觉井下有人，一名贼人垂下绳索入井，发现那名女孩，非常高兴，就叫同伙先拉女孩出井。同伙又向下窥视，想放下绳子，女孩立刻把他推落井中，随即搬重物压住井口，骑上贼人拴在家门的马匹离去。

几天后，贼寇退走，女孩的父母回家，女孩述说早先遇到的事情，全家人便合力打死了那两个盗贼，砍下脑袋向官府邀赏。当时军中李元帅听说这女孩的智略，就请求娶女孩为妻，后来这女孩成为一品夫人。

李东阳巧对明天子

《罪惟录》

东阳[1]四岁能作大书[2]。景泰[3]时，以神童荐。内侍扶过殿阈，曰：“神童脚短。”应声曰：“天子门高。”既入谒，命书“龙”“凤”“龟”“麟”十余字。上喜，抱置膝，赐上林珍果及内府宝镪[4]。时其父拜起，侍丹墀[5]下。帝曰：“子坐父立，礼乎？”应声曰：“嫂溺叔援[6]，权[7]也。”

---

① 东阳：李东阳，明朝内阁首辅。
② 作大书：写大楷。
③ 景泰：明代宗年号。
④ 宝镪（qiǎng）：皇家所赐的钱。
⑤ 丹墀（chí）：红色台阶。
⑥ 援：拉。
⑦ 权：临时的办法。

译文

李东阳四岁的时候就能写大楷，景泰年间，被当成神童推荐给皇上。太监扶着他走过了皇宫的门槛，说：“神童的脚真短。”李东阳跟着说：“是皇宫的门槛高。”进入参见皇帝，皇帝命令李东阳写“龙”“凤”“龟”“麟”等十多个字。皇帝很开心，抱起李东阳让他坐在自己的膝盖上，赐他上林的珍果和宫内的钱币，那时他的父亲已经站起来，在台阶下等候命令。皇帝说：“儿子坐着，父亲却站着，这合乎礼法吗？”李东阳回答说：“嫂子掉进河里小叔子去拉她，这是权宜之计。”

李亨破窃茄案

《智囊全集》

李亨为鄞[1]令，民有业圃[2]者，茄初熟，邻人窃而鬻[3]于市，民追夺之，两诉于县。亨命倾其茄于庭，笑谓邻人曰：“汝真盗矣，果为汝茄，肯于初熟时并摘其小者耶？”遂伏罪。

---

① 鄞(yín)：地名，在今浙江省宁波市。

② 业圃：以种菜为职业。

③ 鬻(yù)：出售。

译文

李亨为鄞县县令时，有位县民的菜圃中所种的茄子，才刚成熟就遭邻居盗取，并且还运到市集贩卖。县民与邻居相互追打，最后两人闹到官府，互相控诉对方。李亨要他们把篓中的茄子全倒在庭院里，看了一眼后，笑着对邻居说：“你才是真正的盗茄者，如果这些茄子真是你所种的，哪会连那些还没有成熟的茄子也一并摘了呢？”邻居听了，只有俯首认罪。

木僧行乞

《朝野佥载》

将作大匠[1]杨务廉，甚有巧思，常[2]于沁州[3]市内刻木作僧，手执一碗，自能行乞。碗中钱满，关键[4]忽发，自然作声云："布施。"市人竞观，欲其作声，施者日盈数千矣。

---

① 将作大匠：官名，掌管修建宗庙、宫室等土木工程。
② 常：同"尝"，曾经。
③ 沁州：地名，在今山西省。
④ 关键：机关。

译文

有位技艺高超的将作大匠叫杨务廉，特别能搞巧妙的发明设计。他曾经在沁州雕刻了一个木僧人，手里端着一只木碗，可以自动向人乞讨。当往碗中放满钱的时候，机关的键钮突然启动，这个木僧人就会自己说："布施！"市场里的人都争抢着观赏这位木僧机器人，都想听听木僧人发声说话，于是争着往木碗里放钱，布施的人每天都多达千人。

苏东坡巧拒请托

《墨庄漫录》

苏子由[①]在政府，子瞻[②]为翰苑。有一故人，与子由兄弟有旧者，来干[③]子由，求差遣，久而未遂。

一日，来见子瞻，且云："某[④]有望内翰以一言为助。"公徐曰："旧闻有人贫甚，无以为生，乃谋伐冢[⑤]。遂破一墓，见一人裸而坐，曰：'尔不闻汉世杨王孙[⑥]乎？裸葬以矫世，无物以济汝也。'复凿一冢，用力弥[⑦]艰。既入，见一王者，曰：'我

① 苏子由：苏辙，字子由，苏轼之弟。

② 子瞻：苏轼，字子瞻。

③ 干（gān）：干谒，为谋求禄位而谒见当权者。

④ 某：用来代替自己或自己的名字。

⑤ 伐冢：盗墓。

⑥ 杨王孙：西汉武帝时人，是富翁，针对当时厚葬的风气，他提出"裸葬论"，临终前立遗嘱要求裸葬，以示返真。

⑦ 弥（mí）：更加。

汉文帝也。遗制圹[8]中无纳金玉，器皆陶瓦，何以济汝？'复见有二冢相连，乃穿其在左者，久之方透，见一人，曰：'我伯夷[9]也。瘠羸[10]，面有饥色，饿于首阳之下，无以应汝之求。'其人叹曰：'用力之勤无所获，不若更穿西冢，或冀有得也。'瘠羸者谓曰：'劝汝别谋于他所。汝视我形骸如此，舍弟叔齐岂能为人也？'"故人大笑而去。

---

⑧ 圹(kuàng)：坟墓。

⑨ 伯夷：殷商时期人，武王灭商后，伯夷和弟弟叔齐逃到首阳山，不食周粟，饥饿而死。

⑩ 瘠羸(léi)：瘦弱。

译文

苏辙在政府做官，苏轼为翰林学士。有一个老熟人同苏家弟兄有交情，特地来拜见苏辙，想走后门给自己安排个官差，但好长时间，苏辙也没给他安排。

一天，那人来见苏轼，说："恳请您在您弟弟面前为我美言几句，请他帮帮忙。"苏轼慢慢说道："我从前听说有个人很穷，没有找到正当的谋生职业，便干起了盗墓的勾当。有一次他掘开一座墓，见一个人裸体坐在那里，说：'你不知道这是汉朝杨王孙的墓吗？我是出了名的要以裸葬纠正厚葬的不良世风，怎么会有财物接济你呢！'那人又掘一墓，这个墓修得很结实，费了好大的劲儿才掘开。进入墓穴之后，发现是一位皇帝。皇帝说：'我是汉文帝，临终前曾有诏令，陪葬物品不要有金玉，各种器具都是陶瓦，帮不了你呢！'那人又见有两墓相连，就先掘左边的那个墓，掘了好长时间才掘透，见墓中一人，瘦骨嶙峋。只听那个瘦人说：'我是伯夷，因为不食周粟而饿死在首阳山下，我一无所有，不能满足你的需求。’那个掘墓人叹了口气说：‘我费这么大的劲儿却一无所获，不如再把西边的这个墓也掘开，或许能得到些什么。’伯夷说：‘我劝你也别再掘那个墓了，那个墓中是我的弟弟叔齐，他和我一样，也是饿死在首阳山的。你看我瘦得这个样子，我弟弟叔齐那里更没有什么油水可捞！’”听完苏轼这番话，那个老朋友大笑而去。

徐孺子赏月

《世说新语》

徐孺子[1]年九岁，尝月下戏，人语之曰："若令月中无物，当极明邪？"徐曰："不然。譬如人眼中有瞳子[2]，无此，必不明。"

---

① 徐孺子：徐稚，字孺子，东汉时期著名的高士贤人，世称"南州高士"。

② 瞳子：瞳孔。

译文

徐孺子九岁的时候，有一次在月光下玩耍，有人对他说：“如果月亮中什么东西都没有，应该会非常明亮吧？”徐孺子说：“不是这样的。譬如人的眼中有瞳孔，没有它，眼睛就一定不明亮。”

贰

风骨品性

长安何如日远

《世说新语》

晋明帝数岁，坐元帝膝上。有人从长安来，元帝问洛下[①]消息，潸然流涕。明帝问何以致泣，具以东渡意告之。因问明帝："汝意谓[②]长安何如日远？"答曰："日远。不闻人从日边来，居然[③]可知。"元帝异之。明日，集群臣宴会，告以此意，更重问之。乃答曰："日近。"元帝失色曰："尔何故异昨日之言邪？"答曰："举目见日，不见长安。"

---

① 洛下：洛阳，西晋都城。

② 意谓：心里认为。

③ 居然：显然。

译文

晋明帝才几岁的时候，坐在元帝膝上。当时有人从长安来，元帝问起洛阳的情况，不觉伤心流泪。明帝问父亲什么事引得他哭泣，元帝就把西晋灭亡、王室东渡的事一五一十地告诉他。于是元帝问明帝："你觉得长安和太阳相比，哪个远？"明帝回答说："太阳远。没听说过有人从太阳那边来，想想就知道。"元帝对他的回答感到惊讶。第二天，元帝召集群臣宴饮，就把明帝这个意思告诉大家，并且再重问他一遍。不料明帝却回答说："太阳近。"元帝惊愕失色，问他："你为什么和昨天说的不一样呢？"明帝回答说："抬起头就能看见太阳，可是看不见长安。"

包惊几笃于友谊

《今世说》

包惊几[①]笃[②]于友谊，与吴东湖善。吴卒，抚其家甚至[③]。后方嫁女，闻吴女将适人，贫不能理装，即以其女之奁具赠之，己女后一载始嫁。时论称之。

---

① 包惊几：清朝人，名捷，字惊几。
② 笃（dǔ）：看重。
③ 至：周到。

译文

包惊几很看重友谊，与吴东湖是好朋友。吴东湖死后，包惊几照料吴家极其周到。后来，当包惊几自己的女儿将要出嫁的时候，他听说吴东湖的女儿也将要嫁人，但因家中贫穷不能自备嫁妆，他就把自己女儿的嫁妆送给她，自己的女儿晚了一年才出嫁。当时的人们都因此赞扬他。

范文正正直

《东轩笔录》

范文正公[1]仲淹少贫悴[2]，依睢阳[3]朱氏家，常与一术者游。会术者病笃[4]，使人呼文正而告曰：“吾善炼水银为白金，吾儿幼，不足以付，今以付子。”即以其方与所成白金一斤封志[5]，内文正怀中。文正方辞避，而术者已绝。后十余年，文正为谏官，术者之子长，呼而告之曰：“而父有神术，昔之死也，以汝尚幼，故俾[6]我收之。今汝成立，当以还汝。”出其方并白金授之，封识宛然。

---

① 范文正公：范仲淹，谥号文正。

② 悴：困苦。

③ 睢（suī）阳：古地名，在今河南商丘。

④ 笃：严重。

⑤ 封志：封存并加以标志。

⑥ 俾（bǐ）：使。

译文

范仲淹年轻时贫穷潦倒,寄居在睢阳一户姓朱的人家里,经常和一个术士交往。当那个术士病危时,便请人叫来范仲淹,告诉他:“我善于把水银炼成白金,我的儿子年纪小,不能把这个秘方交托给他,现在我把它交给你。”于是把这秘方和炼成的一斤白金封好,放在范仲淹怀中。范仲淹刚想推辞,那个术士已经气绝而死。后来过了十几年,范仲淹当上了谏官,而当年那个术士的儿子也长大了,范仲淹把他叫来说:“你的父亲会使用神术,当年他过世的时候,因为你年纪还小,所以就托我先保管秘方和一斤白金,如今你已经长大了,应当把这些东西还给你。”于是就拿出那个秘方还有白金一起交给术士的儿子,那个密封的标志依旧完好如初。

顾荣施炙

《世说新语》

顾荣[①]在洛阳，尝应人请，觉行炙人[②]有欲炙之色，因辍[③]己施焉。同坐嗤[④]之。荣曰："岂有终日执之，而不知其味者乎？"后遭乱渡江[⑤]，每经危急，常有一人左右己。问其所以，乃受炙人也。

---

① 顾荣：字彦先，是支持司马睿建立东晋的江南士族领袖。
② 行炙人：做烤肉的人或端送烤肉的仆人。
③ 辍：停止，放下。
④ 嗤：嘲讽，讥讽。
⑤ 遭乱渡江：指西晋社会动乱，大批人渡过长江南下。

译文

顾荣在洛阳的时候，一次应人邀请赴宴，席间发现端送烤肉的仆人显露出想吃烤肉的神情，于是就停下吃肉，把自己那一份给了他。同座的人都讥笑顾荣有失身份，顾荣说：“哪有成天端着烤肉而不知肉味这种道理呢！”后来遇上战乱过江避难，每逢遇到危急，常常有一个人在身边护卫自己。问他原因，才知道他就是当年端送烤肉的仆人。

韩琦大度

《墨客挥犀》

韩魏公[1]知北都[2]，有中外亲[3]献玉盏一只，云耕者入坏冢而得，表里无纤瑕可指，真绝宝也。公以百金答之，尤为宝玩。乃开醇召漕使[4]显官[5]，特设一桌，覆以绣衣[6]，致玉盏其上，且将用之将酒，遍劝坐客。俄为吏将[7]误触台倒，玉盏俱碎，坐客皆愕然，吏将伏地待罪。公神色不动，笑谓坐客曰："物破亦自有时。"谓吏将曰："汝误也，非故也，何罪之有？"公之量宽大重厚如此。

---

① 韩魏公：北宋大臣韩琦，封魏国公。
② 知北都：任北都的行政长官。
③ 中外亲：指表亲。
④ 漕使：主管水道运输的官吏。
⑤ 显官：地方大官。
⑥ 绣衣：绣花的桌布。
⑦ 吏将：官府中供差遣的小吏。

译文

韩琦任北都的行政长官时，他的一个表兄弟献给他一只玉盏，说是耕地的人进入破败的坟墓里得到的，玉盏从里到外找不到一点瑕疵，果真是绝无仅有的好东西。韩琦用重金答谢他，将玉盏视为珍宝。于是韩琦打开醇酒，召集负责水运粮食的官员和其他显要，特意准备了一桌饭菜，铺上了绣花的布，把玉盏放在上面，并准备用它向在座宾客劝酒。过了一会儿，一个小吏不小心碰倒了桌子，玉盏摔得粉碎，在座的客人都很惊愕，那个小吏趴在地上等着发落。韩琦却神色平静，笑着对在座的宾客说："东西都有它破损的时候。"又对那个小吏说："你只是不小心，不是故意的，又有什么罪呢？"韩琦的度量宽大就是如此这般。

李晦[1]毁楼

《续世说》

唐河间王孝恭次子晦，私第有楼，下临酒肆，其人尝候晦，言曰："微贱之人，虽则礼所不及，然家有长幼，不欲外人窥之。家迫明公[2]之楼，出入非便，请从此辞。"晦即日毁其楼。

① 李晦：唐朝宗室，是唐太宗李世民的堂侄。

② 明公：对权贵、长官的尊称。

译文

李晦是唐河间王李孝恭的次子，他的住宅里有一座楼，俯对着一家酒馆。有一天，酒店主人在路上等候李晦的到来，对他说："我们是地位低下的人，虽然社会礼仪关照不到我们，然而家中有老少，不想让外人直接看到隐私。现在对着您的楼馆，出入很不方便，我们打算搬家了。"李晦当天就拆掉了这座楼。

李勣煮粥侍姊

《隋唐嘉话》

李勣[①]贵为仆射[②]，其姊病，必亲为粥，釜[③]燃辄焚其须。姊曰："汝仆多矣，何为自苦如此！"勣曰："岂为无人耶！顾[④]今姊老矣，勣亦年老，虽欲久为姊粥，复可得乎？"

① 李勣（jì）：唐朝初年名将，是唐朝开疆拓土的主要战将之一。
② 仆射：唐时仆射相当于宰相。
③ 釜：古代的一种锅。
④ 顾：表示轻微的转折，相当于"而""不过"。

译文

李勣身为宰相，他的姐姐病了，他还亲自为她烧火煮粥，以致火苗烧了他的胡须。姐姐劝他说："你的仆人那么多，为什么要这样自讨苦吃？"李勣答："我难道真的没有下人吗？只不过姐姐现在年纪大了，我自己也老了，即使想长久地为姐姐烧火煮粥，又怎么可能呢？"

娄师德与狄仁杰

《唐语林》

狄梁公[①]与娄师德同为相。狄公排斥师德非一日，则天问狄公曰："朕大用卿，卿知所自乎？"对曰："臣以文章直道进身，非碌碌因人成事。"则天久之曰："朕比[②]不知卿，卿之遭遇[③]，实师德之力。"因命左右取筐箧，得十许通[④]荐表，以赐梁公。梁公阅之，恐惧引咎，则天不责。出于外曰："吾不意为娄公所涵，而娄公未尝有矜色[⑤]。"

---

① 狄梁公：狄仁杰，去世后被追封为梁国公。
② 比：过去，曾经。
③ 遭遇：指做官的境遇。
④ 十许通：十来篇。
⑤ 矜（jīn）色：自夸的神色。

译文

狄仁杰和娄师德一同担任宰相。狄仁杰排斥娄师德不是一天了，武则天问他："朕重用你，你知道原因吗？"狄仁杰回答说："我因为文章出色和品行端正而受到重用，并不是无所作为依靠别人的。"武则天对他说："我曾经不了解你，你受重用，其实是娄师德的功劳。"于是令侍从拿来文件箱，取出十几篇娄师德推荐狄仁杰的奏折给狄仁杰。狄仁杰读了之后，羞愧得自己请罪，武则天没有指责他。狄仁杰出宫后说："我没想到竟一直被娄大人包容！然而娄公从来没有自夸的神色。"

人琴俱亡

《世说新语》

王子猷、子敬[1]俱病笃，而子敬先亡。子猷问左右："何以都不闻消息？此已丧矣。"语时了不悲。便索舆[2]来奔丧，都[3]不哭。子敬素好琴，便径入坐灵床上，取子敬琴弹，弦既不调，掷地云："子敬，子敬，人琴俱亡。"因恸[4]绝良久，月余亦卒。

---

① 王子猷：王徽之，字子猷，王羲之第五子。子敬：王献之，字子敬，王羲之第七子。

② 舆（yú）：车子。

③ 都：竟。

④ 恸（tòng）：痛哭，极度悲伤。

译文

王子猷、王子敬都病得很重，子敬先死了。王子猷问身边的人说："为什么总听不到子敬的消息？一定是他已经死了。"说话时完全不悲伤。于是准备了车子去奔丧，一路上也没有哭。子敬一向喜欢弹琴，子猷直接走进去坐在灵床上，拿过子敬的琴来弹，琴弦的声音已经不协调了，子猷把琴扔在地上说："子敬啊，子敬啊，你的人和琴都死了。"于是痛哭了很久，几乎要昏过去。过了一个多月，子猷也死了。

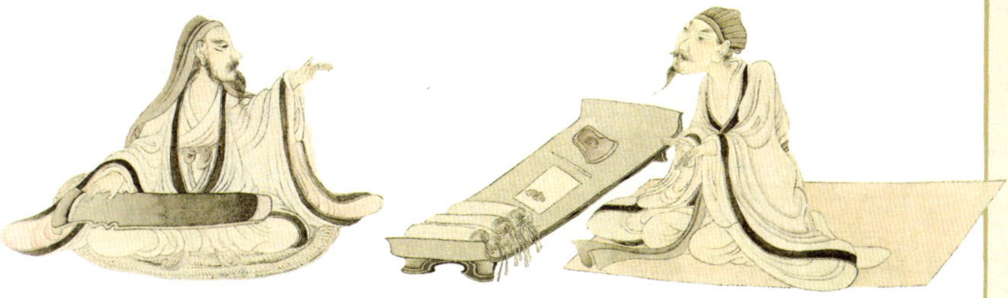

世评华歆王朗

《世说新语》

华歆、王朗[①]俱乘船避难，有一人欲依附[②]，歆辄难之。朗曰："幸尚宽，何为不可？"后贼追至，王欲舍所携人。歆曰："本所以疑，正为此耳。既已纳其自托，宁[③]可以急相弃邪？"遂携拯如初。世[④]以此定华、王之优劣。

---

① 华歆、王朗：均三国时人。

② 依附：此处指搭乘华歆与王朗所共同乘坐的船。

③ 宁：难道。

④ 世：当时的人。

译文

华歆、王朗一起乘船逃难。途中有一个人想要搭船，华歆感到很为难。王朗说："船里幸好还很宽松，为什么不同意？"后来作乱的人追上来了，王朗想要抛弃所携带的那个人。华歆说："我先前之所以犹豫不决，正因为考虑到了这种情况。既然已经接纳他，难道因为情况紧急就抛弃他吗？"于是还像当初一样携带着这个人。世人通过这件事来评定华歆、王朗的优劣。

陶母责子

《世说新语》

陶公[①]少时作鱼梁[②]吏。尝以坩[③]鲊[④]饷[⑤]母。母封鲊付使，反书责侃曰："汝为吏，以官物见饷，非唯不益，乃增吾忧也。"

---

① 陶公：对陶侃的尊称。陶侃，字士行，陶渊明的曾祖。

② 鱼梁：一种捕鱼的设施，用土石横截水流，留一缺口，让鱼随水流入竹篓一类器具中。

③ 坩(gān)：盛物的陶器。

④ 鲊(zhǎ)：经过加工的鱼类食品，如腌鱼、糟鱼之类。

⑤ 饷：赠送。

译文

陶侃年轻时担任管理鱼梁的小吏，曾经把一陶罐腌鱼送给母亲。母亲封好腌鱼交付给捎鱼来的人，回信责怪陶侃说：“你身为官吏，把官府的东西送给我，非但没有好处，反而增添了我的忧愁啊！”

王恭身无长物

《世说新语》

王恭[①]从会稽还，王大[②]看之。见其坐六尺簟[③]，因语恭："卿东来，故应有此物，可以一领及我。"恭无言。大去后，即举所坐者送之。既无余席，便坐荐[④]上。后大闻之，甚惊，曰："吾本谓卿多，故求耳。"对曰："丈人[⑤]不悉恭，恭作人无长[⑥]物。"

① 王恭：东晋重臣。
② 王大：王忱，王恭的族叔。
③ 簟(diàn)：竹席。
④ 荐：草垫。
⑤ 丈人：对年长者的尊称，可译为"您"。
⑥ 长：多余，剩余。

译文

王恭从会稽回来，王忱去探望他。王忱看到王恭坐在一条六尺长的竹席上，便对他说："你从东边来，所以应该还有这种东西，可以送一条给我。"王恭没有作声。王忱走了以后，王恭就把所坐的竹席送他。王恭没有多余的席子，就坐在草垫子上。后来王忱听说这件事，十分惊异地说："我本来以为你那里很多呢，所以才向你要的。"王恭回答："这是您老不了解我，我做人一向没有多余的物品。"

王羲之东床坦腹

《世说新语》

郗太傅①在京口②，遣门生与王丞相书，求女婿。丞相语郗信："君往东厢，任意选之。"门生归，白郗曰："王家诸郎，亦皆可嘉，闻来觅婿，咸自矜持。唯有一郎，在东床上坦腹卧，如不闻。"郗公云："正此好！"访之，乃是逸少③，因嫁女与焉。

① 郗太傅：郗鉴，东晋重臣。
② 京口：古地名，故址在今江苏镇江附近。
③ 逸少：晋代著名书法家王羲之，字逸少，是王导的堂侄。

译文

郗鉴在京口时，派门生送信给王导，想在王家子侄中找一位女婿。王导对郗鉴的信使说："你到东厢房去，任意挑选一位。"这位门生回去，报告郗鉴说："王家诸位郎君，都值得称道，他们听说找女婿，各自都显得很拘谨。只有一位郎君，在床榻上袒胸裸腹地躺着，好像什么都没听见。"郗鉴说："恰恰是这一位好！"再去打听，原来是王羲之，郗鉴就把女儿嫁给他了。

郑玄谦让无私

《世说新语》

郑玄[1]欲注《春秋传》[2]，尚未成。时行，与服子慎遇，宿客舍，先未相识。服在外车上与人说己注《传》意，玄听之良久，多与己同。玄就车与语曰："吾久欲注，尚未了。听君向[3]言，多与吾同，今当尽以所注与君。"遂为服氏注。

---

① 郑玄：东汉著名经学家。

②《春秋传》：指《春秋左氏传》，简称《左传》。

③ 向：刚才。

译文

郑玄曾经想注释《左传》，还没有完成。有一次外出，与服子慎不期而遇，同住一个旅店，他们之前彼此互不认识。服子慎在旅店外的车上和别人谈论自己注释《左传》的想法。郑玄听了很久，觉得服子慎的见解多数和自己相同，就登上车和服子慎交谈，他说：“我早就想注《左传》，目前还没完成。听了您刚才的话，看法大多与我相同。现在我就把自己所作的注全部送给您。”于是服子慎写成了《春秋左氏传解谊》。

叁

为国为民

支公好鹤

《世说新语》

支公[①]好鹤。住剡东岇山，有人遗[②]其双鹤，少时翅长欲飞，支意惜之，乃铩[③]其翮[④]。

鹤轩翥[⑤]不复能飞，乃反顾翅垂头，视之如有懊丧意。

林[⑥]曰："既有凌霄之姿[⑦]，何肯为人作耳目近玩！"养令翮成，置使飞去。

---

① 支公：支遁，字道林，东晋人。他既是名僧，又是名士，与谢安、王羲之等交往甚密。

② 遗：赠送。

③ 铩（shā）：剪掉，伤残。

④ 翮（hé）：羽根，引申为鸟翼。

⑤ 轩翥（zhù）：振翅高飞的样子。

⑥ 林：支公字道林，"林"这里指支公。

⑦ 姿：同"资"，资质，禀赋。

译文

支道林特别喜欢鹤。他住在剡县东边的岇山上时，有人送了他一对幼鹤，没过多久，幼鹤渐渐长出羽翼，想要飞走，支道林舍不得它们飞走，就剪掉了它们翅膀上的羽毛。鹤奋力振翅，却怎么也飞不起来，于是回头看着残损的翅膀，垂下头来，看上去好像很沮丧的样子。支道林说："它们既然有凌空高飞的资质，哪里会甘心当人的宠物被眷养玩耍！"于是细心喂养，等到鹤的羽毛重新长出来，就让它们飞走了。

曹彬称病

《涑水记闻》

曹彬[1]攻金陵，垂克，忽称疾，不视事，诸将皆来问疾。彬曰："余之病非药石所能愈，唯须诸公共发诚心，自誓以克城之日，不妄[2]杀一人，则自愈矣。"诸将许诺，共焚香为誓，明日称愈。及克金陵，城中皆安堵如故[3]。曹翰克江州，忿其久不下，屠戮无遗。

---

① 曹彬：北宋开国名将。
② 妄：胡乱，滥。
③ 安堵如故：形容十分安定。

译文

宋朝将领曹彬率军攻打金陵，即将攻克金陵城的时候，他突然声称生病了，各位将领十分惊讶，都来询问曹彬的病情。曹彬说："我的病不是药物能治愈的，只需要各位将领共同表现自己的诚心，自己发誓在攻克金陵城的那天，不乱杀一人，我的病就好了。"将领们答应了，立即烧香立誓，第二天曹彬便声称他的病好了。到了攻克金陵城的那一天，城中像以前那样十分安定，百姓如同平常一样生活。另一个将领曹翰攻打江州，恼怒久攻不下，攻下城后，杀了全城的老百姓，几乎没有留下活口。

海瑞遗物

《金陵琐事》

都御史[1]刚峰海公[2]，卒于官舍。同乡宦南京者，惟户部苏民怀一人。苏检点其宦囊[3]，竹箱中俸金八两，葛布一端，旧衣数件而已。如此都御史那可多得！王司寇凤洲[4]评之云："不怕死，不爱钱，不立党[5]。"此九字断尽海公生平，即千万言谀之，能加于此评乎？

---

① 都御史：官名，负责巡按州县，考察官吏。
② 刚峰海公：海瑞，字汝贤，号刚峰。
③ 宦囊：做官的俸禄。
④ 王司寇凤洲：王世贞，号凤洲，明代文学家、史学家。
⑤ 不立党：不拉帮结派。

译文

都御史海瑞，在官舍去世了。跟他一起在南京做官的同乡，只有在户部做事的苏民怀一人。苏民怀检查清点他做官的俸禄，竹箱子里只有八两银子，两丈麻布，几件旧衣服。这样的都御史又有几个？王凤洲评价他说："不怕死，不爱钱，不立党。"这九个字概括了海瑞的生平。即使用千言万语赞扬他，能胜过这评价吗？

黄震怒打太监

《能改斋漫录》

真宗朝，黄震知[1]亳州永城县，濒汴河，例至冬涸，朝廷遣中官[2]促州县科[3]民开淘。

时中官多任喜怒，非理棰挞役民。黄愤然殴之，中官即舍役赴阙[4]自诉。帝问曰："黄震缘何殴汝？"中官奏曰："言是我百姓，汝安得乱打？"帝嘉其言，即敕中官赴黄门，杖二十。黄后为才吏。

---

① 知：主管。
② 中官：太监。
③ 科：督促。
④ 阙：皇宫。

译文

宋真宗在位年间，黄震任亳州永城县行政长官。永城县靠近汴河，每到冬季，河水会干涸，朝廷就要派太监到永城县督促州官、县官向百姓摊派劳役，疏通河道。

当时的太监喜怒任性，常常毫无道理地任意鞭打服劳役的民工。黄震见此，十分气愤，就动手打了太监。太监立即离开工地，跑回朝廷告状。宋真宗问："黄震因为什么要打你？"太监禀告："他说'这是我的百姓，你怎么能乱打'！"皇帝赞同黄震的话，立刻责令太监去领罪，结果被打二十大板。黄震后来成了很有才能的官吏。

乐工罗程

《唐语林》

乐工罗程者，善弹琵琶，为第一，能变易新声[①]，得幸于武宗[②]，恃恩自恣。宣宗[③]初亦召供奉。程一日果以眦睚[④]杀人。上大怒，立命斥出，付京兆。他工辈[⑤]以程艺天下无双，欲以动上意。会幸苑中，乐将作，遂旁设一虚坐，置琵琶于其上。乐工等罗列上前，连拜且泣。上曰："汝辈何为也？"进曰："罗程负陛下，万死不赦。然臣辈惜程艺天下第一，不得永奉陛下，以是为恨[⑥]。"上曰："汝辈所惜罗程艺耳，我所重者高祖、太宗[⑦]法也。"卒不赦程。

---

① 能变易新声：能创作新的曲调。

② 武宗：唐武宗李炎。

③ 宣宗：唐宣宗李忱。

④ 眦睚（zì yá）：比喻小事。

⑤ 他工辈：别的乐师们。

⑥ 恨：遗憾。

⑦ 高祖、太宗：指唐高祖李渊、唐太宗李世民。

译文

乐师罗程，擅长弹琵琶，可称天下第一，他能创作新的曲调，被唐武宗宠爱，倚仗皇恩行为放肆。唐宣宗初年罗程也奉命侍候皇上。有一天罗程竟然因为一点小纠纷便杀了人。皇上大怒，立刻下令把他赶出宫中，交给京城地方长官处理。别的乐师认为罗程的才艺天下无双，想使皇上回心转意。适逢皇上到后花园，音乐将要演奏，乐师们就在旁边摆一张空座位，把琵琶放在上面。乐师们环绕在皇上跟前一面跪拜一面哭泣。皇上说："你们要干什么呀？"乐师们说："罗程辜负了皇上，万死不赦。然而我们爱惜罗程的才艺天下第一，他不能永远侍奉皇上了，因此觉得遗憾。"皇上说："你们所爱惜的不过是罗程的才艺，我所看重的是高祖、太宗的法律。"最终也没赦免罗程。

刘涣买牛卖牛

《东轩笔录》

治平[1]间，河北凶荒[2]，继以地震，民无粒食，往往贱卖耕牛，以苟[3]岁月。

是时，刘涣知澶州[4]，尽发公帑[5]之钱以买牛。明年，震摇息，逋民归，无牛以耕凿，而其价腾踊十倍。涣复以所买牛，依元[6]直[7]卖与。是故河北一路，唯澶州不失所，由涣权宜之术也。

---

① 治平：北宋英宗赵曙的年号。
② 凶荒：灾荒。
③ 苟：勉强。
④ 澶（chán）州：今河南省濮阳。
⑤ 帑（tǎng）：国库。
⑥ 元：同“原”。
⑦ 直：同“值”。

译文

治平年间，河北一带闹饥荒，接着又地震，百姓吃不到一粒粮食，只好贱卖耕牛，用来维持生命。

当时，刘涣做澶州知州，他就把公家的钱都拿出来买牛。第二年，地震停了，逃难的百姓回来了，却没有牛耕地，而当时牛的价格也翻了十倍。刘涣这时又把先前买的牛按原价卖给百姓。所以河北一带只有澶州百姓没有流离失所，这是由于刘涣采用了适宜变通的计策。

苏世长讽谏

《唐语林》

武德[1]四年，王世充[2]平后，其行台仆射苏世长[3]以汉南归顺。高祖责其后服[4]。世长稽首曰："自古帝王受命[5]，为逐鹿之喻，一人得之，万夫敛手。岂有猎鹿之后，忿同猎之徒，问争肉之罪也？"高祖与之有旧，遂笑而释之。

① 武德：唐高祖李渊的年号。

② 王世充：隋朝人，隋末动乱期间，曾割据中原，自立为帝。

③ 苏世长：北周至唐初人，唐高祖时为谏议大夫。

④ 服：降服，归顺。

⑤ 受命：受天命，意为登基。

后从猎于高陵，是日大获，陈禽于旌门。高祖顾谓群臣曰：“今日畋[6]，乐乎？”世长对曰：“陛下废万几[7]，事畋猎，不满十旬，未为大乐。”高祖色变，既而笑曰：“狂态发耶？”对曰：“为臣私计则狂，为陛下国计则忠矣。”

⑥ 畋（tián）：打猎。
⑦ 废万几：停下各类繁杂政务。

译文

武德四年，唐朝平定王世充后，他的行台仆射苏世长带着汉南来归顺。唐高祖责备他归顺迟了。苏世长叩首说：“自古以来帝王登基，用逐鹿作比喻，就是一个人得到了，其他人便收手了。哪里有捕获鹿以后，还忿恨其他同猎的人，追究他们争夺鹿的罪名呢？”高祖和他有旧交，便一笑而过原谅了他。

后来苏世长跟随高祖在高陵围猎，那天收获丰厚，高祖命令将捕获的禽兽陈列在旌门。高祖环顾四周的诸位大臣问：“今天围猎快乐吗？”苏世长回答说：“陛下停止了政务来打猎，不过猎得一百来只猎物，没什么太值得高兴的！”皇上吃惊得脸色都变了，然后笑着说：“你发疯了吗？”苏世长回答说：“如果仅从我的角度来考虑便是发狂了，但如果从您的角度来考虑则是一片忠心呀！”

唐高祖与盗贼

《唐语林》

高祖[1]时，严甘罗，武功[2]人。剽劫，为吏所拘。上谓曰："汝何为作贼？"对曰："饥寒交切，所以为盗。"上曰："吾为汝君，使汝穷乏，吾之罪也。"赦之。

① 高祖：唐高祖李渊。
② 武功：地名，在今陕西境内。

译文

唐高祖时，有个武功人，名叫严甘罗。他因为行窃，被官吏抓住了。高祖问他："你为什么要当贼呢？"他回答说："因为饥寒交迫，不得已才当盗贼。"高祖说："我是你的君主，却使你这样贫穷，这是我的过失。"于是赦免了那个盗贼。

太宗怀鹞

《隋唐嘉话》

太宗得鹞①,绝俊异,私自臂②之。望见郑公③,乃藏于怀。公知之,遂前白④事,因⑤语古帝王逸豫⑥,微⑦以讽谏。语久,帝惜鹞且死,而素严敬征,欲尽其言。征语不时尽,鹞死怀中。

---

① 鹞(yào):一种鸟。
② 臂:架在臂上玩赏。
③ 郑公:此指魏征,他曾被封为郑国公。
④ 白:下对上告诉,陈述。
⑤ 因:乘机,趁便。
⑥ 逸豫:指享乐。
⑦ 微:含蓄地,此为委婉之意。

译文

唐太宗得到一只鹞鹰，极其俊俏奇异。太宗私下里把它架在手臂上玩赏，看到魏征来了，就把鹞鹰藏在怀里。魏征发觉了，就走向前去汇报事情。他趁机向太宗讲述古代帝王由于贪图安逸享乐而丧国灭身的故事，委婉地劝谏太宗。魏征故意说了很久，太宗担心鹞鹰将要被闷死，因为他向来尊敬魏征，就委婉地想让他把话说得短些。然而魏征说个没完，鹞鹰最终被闷死在太宗怀里。

王安期不鞭书生

《世说新语》

王安期①作东海郡②，吏录③一犯夜④人来。王问："何处来？"云："从师家受书还，不觉日晚。"王曰："鞭挞宁越⑤以立威名，恐非致理之本⑥。"使吏送令归家。

---

① 王安期：王承，字安期。少有重誉，为政清廉，被推举为东晋初年第一名士。

② 作东海郡：任东海郡太守。

③ 录：逮捕。

④ 犯夜：指深夜还在外面走动，违犯当地夜行之禁令。

⑤ 宁越：战国赵人，原为农民，因努力求学，只用了十五年即成为周威公的老师。

⑥ 致理之本：达到治理的根本途径。理，应作"治"，唐代因避高宗李治的名讳而改"治"为"理"。

译文

王承任东海郡太守时，郡吏逮捕了一个违犯宵禁令的人。王承问他："从什么地方来？"那人回答："从老师家听课读书回家，不知不觉间天已晚了。"王承说："鞭打像宁越那样的苦学者来树立威名，恐怕不是达到治理的根本办法。"便派郡吏把那人送回家去。

一钱太守

《资治通鉴》

宠[1]尝为会稽太守，简除烦苛，禁察非法，郡中大治[2]，征为将作大匠。山阴县有五六老叟，自[3]若邪山谷间出，人赍[4]百钱以送宠，曰："山谷鄙生，未尝识郡朝。他守时，吏发求民间，至夜不绝，或狗吠竟夕，民不得安。自明府下车来，狗不夜吠，民不见吏；年老遭值[5]圣明，今闻当见弃去，故自扶奉送。"宠曰："吾政何能及公言邪？勤苦父老！"为人选一大钱受之。

---

① 宠：刘宠，东汉大臣，为官清廉公正，政绩卓越。

② 大治：很太平。

③ 自：从。

④ 赍（jī）：拿东西给别人。

⑤ 值：遇上。

译文

东汉刘宠任会稽太守期间，废除苛捐杂税，监察非法活动，会稽郡中很太平，因此朝廷授予他做主管工程建筑的官员。山阴县有五六位老汉，从若邪山山谷中出来，每人带着一百钱来送给刘宠，说："我们是山谷中见识少的人，不曾认识郡太守与朝廷要员，别的郡太守治理时，官吏在民间搜刮，从白天到夜里一直不断，有时狗整夜叫个不停，百姓不得安宁。自从太守您上任以来，狗夜里不叫了，百姓也看不见官吏来索要，年老时遇到政治清明，如今听说您要离任了，所以我们相互扶助一起送上一点礼。"刘宠说："我的政绩怎能比得上你们说的呢！父老乡亲辛苦了！"刘宠就从每人的手中选了一枚铜钱收下了。

郑板桥开仓济民

《东轩记事》

郑燮[1]，号板桥，清乾隆元年进士，以画竹、兰为长。曾任范县令，爱民如子。室[2]无贿赂，案无留牍[3]。公之余辄与文士畅饮咏诗，至有忘其为长吏[4]者。迁潍县，值岁荒，人相食，燮开仓赈济。或阻之，燮曰："此何时，若辗转申报，民岂得活乎？上有谴[5]，我任[6]之。"即发谷与民，活万余人。去任之日，父老沿途送之。

---

① 郑燮（xiè）：字克柔，号理庵，又号板桥，人称板桥先生，清代书画家、文学家。

② 室：家。

③ 无留牍：没有遗留下的公文。

④ 长吏：地位较高的官员。

⑤ 谴：谴责、责备。

⑥ 任：承担责任。

译文

郑燮，号板桥，是清朝乾隆元年的进士，擅长画竹和兰。他曾经在范县担任县令，爱百姓就像爱自己的子女，不收贿赂，案件处理得很快，没有积压。空闲时间经常和文人们喝酒吟诗，甚至有时都忘了他是当官的人。郑燮后来被调到潍县做官，恰逢荒年，甚至到了人吃人的地步。郑燮打开官仓发放粮食来赈济灾民，有人阻止他，郑燮说：“这都什么时候了，如果向上申报，百姓怎能活命？上级怪罪下来，所有罪名，我一人承担。”于是立即把粮食发放给百姓，上万人得以活命。郑板桥离任的时候，潍县的百姓沿路为他送行。

自有史官书之

《涑水记闻》

太祖[1]尝弹雀于后园，有群臣称有急事请见，太祖亟见之，其所奏乃常事耳。上怒，诘其故，对曰："臣以尚急于弹雀。"上愈怒，举柱斧柄撞其口，堕两齿，其人徐俯拾齿置怀中，上骂曰："汝怀齿，欲讼我耶！"对曰："臣不能讼陛下，自当有史官书之。"上悦，赐金帛慰劳之。

---

① 太祖：宋太祖赵匡胤。

译文

宋太祖曾有一次在皇宫的后花园打鸟玩，有大臣称有急事求见，宋太祖连忙召见他。但他所奏请的不过是很普通的事情。宋太祖很不高兴，责问他说有急事的原因。那个大臣回答说："臣认为这些事情比打鸟更紧急。"宋太祖听了更加生气，举起斧柄打在大臣嘴上，打掉了两颗门牙。那人慢慢弯腰捡起牙齿，揣进怀里。太祖骂道："你把牙齿揣在怀里是想告我的状吗？"大臣回答说："我不能告陛下的状，可自然会有史官把陛下的所作所为记载下来。"太祖消气了，赏赐金帛抚慰他。

肆

文坛趣闻

一字师郑谷

《五代史补》

郑谷[①]在袁州，齐己[②]因携所撰诗往谒焉[③]。有《早梅》诗曰："前村深雪里，昨夜数枝开。"谷笑谓曰："'数枝'非早，不若'一枝'则佳。"齐己矍然[④]，不觉兼[⑤]三衣[⑥]叩地膜拜。自是士林[⑦]以谷为齐己"一字之师"。

---

① 郑谷：唐朝诗人，字守愚。

② 齐己：唐朝诗僧，本姓胡，名得生。

③ 谒焉：拜见他。谒，拜见。焉，他，代郑谷。

④ 矍(jué)然：惊讶的样子。

⑤ 兼：提起，整理。

⑥ 三衣：佛教僧尼的大衣、上衣、内衣三种法衣合称三衣，指衣服。

⑦ 士林：文人士大夫阶层、知识界。

译文

郑谷住在袁州，于是齐己带着自己的诗作前去拜见他。诗作中有一首《早梅》写道："前村深雪里，昨夜数枝开。"郑谷看了笑着说："'数枝'不能表现出早意来，不如用'一枝'更好。"齐己惊讶不已，不由得提起三衣，举手加额，长跪而拜。从这以后，人们就把郑谷看作齐己的"一字之师"。

曹植七步成诗

《世说新语》

文帝[①]尝令东阿王[②]七步中作诗，不成者行大法[③]。应声便为诗曰："煮豆持作羹[④]，漉菽[⑤]以为汁。萁在釜下燃，豆在釜中泣。本自同根生，相煎何太急！"帝深有惭色。

---

① 文帝：魏文帝曹丕，字子桓，与其父曹操、其弟曹植合称"三曹"。
② 东阿王：曹植，字子建，封为陈王，谥思，世称"陈思王"。
③ 大法：大刑，重刑，这里指死刑。
④ 煮豆持作羹：煮熟了豆子做豆羹。羹，有浓汁的食品。
⑤ 漉菽（lù shū）以为汁：滤去豆渣做成豆羹汁。漉，过滤。菽，豆类的总称。

译文

魏文帝曹丕曾经命令其弟曹植在七步之内完成一首诗，否则就要动用死刑。曹植应声便作诗一首：“煮豆持作羹，漉菽以为汁。其在釜下燃，豆在釜中泣。本自同根生，相煎何太急！”魏文帝听了深感惭愧。

老农识画

《独醒杂志》

马正惠公尝珍其所藏戴嵩[1]《斗牛图》，暇日展曝[2]于厅前，有输租氓[3]见而窃笑，公疑之，问其故。对曰："农非知画，乃识真牛。方其斗时，夹尾于髀[4]间，虽壮夫膂力不能出之。此图皆举其尾，似不类矣。"公为之叹服。

---

① 戴嵩：唐代画家，画水牛尤为著名，传世作品有《斗牛图》。
② 曝：晒。
③ 输租氓：缴纳田租的农民。
④ 髀（bì）：大腿。

译文

北宋大臣马正惠曾经珍藏唐人戴嵩的《斗牛图》，闲暇的日子就在厅前展开晒太阳。有一个缴纳田租的农民看见后偷着笑。马正惠对他的举动感到疑惑，问他偷笑的原因。农民回答说：“我不懂得画，可是认识真牛。在它们争斗时，要把尾巴夹在大腿之间，即使是强壮的汉子用尽全力也不能将它们的尾巴从大腿之间拉出来。这个图上的牛都是竖着尾巴的，不像是斗牛时的样子。”马正惠听了，对他的见识非常佩服。

杜诗治疟

《唐语林》

杜善郑广文[①]，尝以《花卿》及《姜楚公画鹰歌》示郑。郑曰："足下此诗可以疗疾。"他日郑妻病，杜曰："尔但言：子章髑髅[②]血模糊，手提掷还崔大夫。如不瘥[③]，即云：观者徒惊掣臂飞，画师不是无心学。未间，更有：太宗拳毛䯄，郭家狮子花[④]。如又不瘥，虽和、扁[⑤]不能为也。"其自得如此。

---

① 郑广文：郑虔，唐代文学家、书法家、画家，曾任广文馆博士，人称"郑广文"。他与杜甫交谊很深。

② 髑髅（dú lóu）：死人的头骨，即骷髅。

③ 瘥（chài）：病愈。

④ 拳毛䯄、狮子花：都是宝马名称。

⑤ 和、扁：古代名医和与扁鹊。

译文

杜甫与郑虔交好，曾经把《花卿》与《姜楚公画鹰歌》两首诗送给郑虔看。郑虔读后说："您这两首诗可以用来治病啊。"有一天，郑虔的妻子患了病。杜甫对郑虔说："您只要对病妻读我的两句诗：子章髑髅血模糊，手提掷还崔大夫。如果她的病还不见好，你就再读我的两句诗：观者徒惊掣臂飞，画师不是无心学。若还未到其时，还有两句：太宗拳毛䯄，郭家狮子花。如果您妻子的病仍不痊愈，那就算请古代名医和与扁鹊出诊，也将无能为力了。"杜甫以诗自傲自得的情形，就达到了如此地步。

龚自珍忘形

《日涛杂著》

山民[1]至扬[2]，多寓予园之秋实轩。秋实轩者，有古桐树数株，相传为李唐旧植。山民暇辄低咏其下。一夕，与客谈甚欢，遂坐桌上，迨[3]送客，靴不知所在。越[4]数日，山民行，仆辈于帐顶得之。盖谈笑极惬，手舞足蹈，无意之际，不觉靴之飞去耳。

① 山民：清朝文学家龚自珍，号羽琌山民。
② 扬：扬州。
③ 迨（dài）：等到。
④ 越：经过。

译文

龚自珍到扬州大多寄住在我家中的秋实轩。秋实轩有几株古桐树，相传是唐朝时种植的。龚自珍空闲的时候就在树下轻轻地吟诗。一天晚上，龚自珍与客人谈得很高兴，就坐在桌子上，等到送客，靴子不知在什么地方了。过了几天，龚自珍走了，仆人们在帐顶上找到了靴子。大概当时他说说笑笑极为欢畅，手舞足蹈，无意之间，未发觉靴子已经飞走。

顾恺之画人

《世说新语》

顾长康画人,或数年不点目精[①]。人问其故,顾曰:“四体[②]妍蚩[③],本无关于妙处;传神写照[④],正在阿堵[⑤]中。”

译文

顾恺之画人物画,有的时候画完之后几年都不去画眼珠。别人问他原因,他说:“人身体的美丑,没有什么特别微妙之处;真正的传神之笔,正是那眼睛。”

---

① 目精:眼珠。
② 四体:人的四肢。
③ 妍蚩(chī):美丑。
④ 写照:指画人物肖像,写真。
⑤ 阿堵:这个。

李白谒宰相

《唐语林》

李白开元中谒宰相，封一板，上题曰："海上钓鳌客李白。"宰相问曰："先生临沧海，钓巨鳌，以何物为钩线？"白曰："风波逸其情，乾坤纵其志。以虹蜺[1]为线，明月为钩。"又曰："何物为饵？"白曰："以天下无义气丈夫为饵。"宰相竦然[2]。

---

① 虹蜺（ní）：相传虹有雌雄之别，色鲜艳者为雄，色暗淡者为雌；雄曰虹，雌曰蜺，合称虹蜺。

② 竦（sǒng）然：肃敬的样子。

译文

李白在唐玄宗开元年间拜见宰相，封一板，上面题写着：“海上钓鳌客李白。”宰相问李白：“先生您临沧海，钓巨鳌，用什么东西当钩和线呢？”李白回答道：“大海里的风波使我豪情纵逸，天地乾坤鼓荡着我的壮志。我用天上的彩虹作线，用银河的明月当钩。”宰相又问：“那先生用什么东西作饵呢？”李白答道：“我就用天底下那些没有义气的男人当饵。”宰相听到这话，不禁肃然起敬。

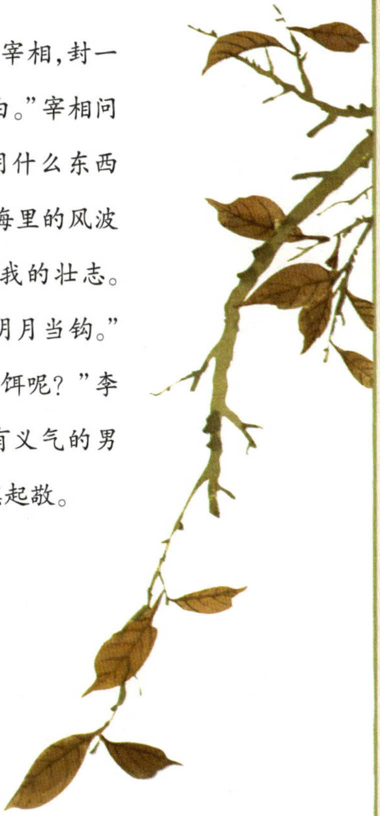

林之栋画兰

《荒鹿偶谈》

林之栋善画兰，好游，闻兰所在，则必大寻之。樵者[1]或告：某山大壑[2]中，常闻兰花气特多，茅棘虎豹，不可行。林乃募壮士执刀矢[3]火攻[4]，具裹粮[5]，鸣金[6]入深谷中，若当[7]劲敌者。至则兰叶长丈许，花大如掌。自是，所画兰益奇变。

---

① 樵者：砍柴的樵夫。
② 壑：山沟或大水坑。
③ 矢：箭。
④ 火攻：火枪之类的器械。
⑤ 具裹粮：准备了干粮。
⑥ 鸣金：敲锣。
⑦ 当：面对。

译文

林之栋擅长画兰花，喜欢游历，凡是听说哪里有兰花的，就必然要花费很大力气去寻找它们。有一个砍柴的樵夫告诉他，在某个大山沟中，经常闻到浓郁的兰花香，但是荆棘丛生，虎豹横行，不能去。林之栋于是召集了一些壮士，拿着刀箭和火器，带上干粮，敲锣打鼓进入到深谷之中，就像面临大敌一样。到了目的地后，他们看到的兰花，叶子就有一丈多，花和手掌一样大。从此，他所画的兰花变得更令人称妙。

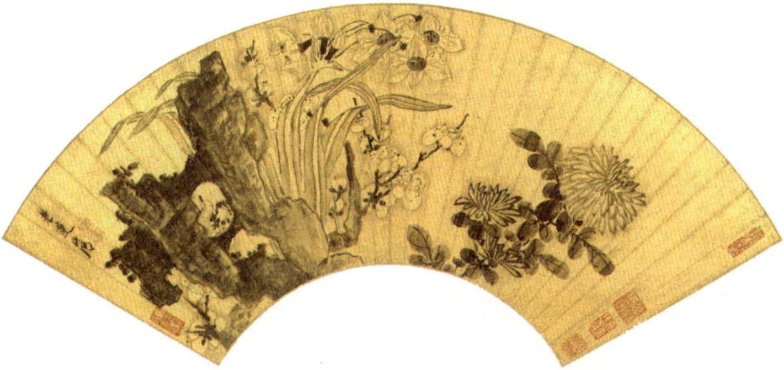

骆宾王作檄

《酉阳杂俎》

骆宾王[1]为徐敬业[2]作檄[3]，极疏大周[4]过恶。则天览及“蛾眉不肯让人”“狐媚偏能惑主”，微笑而已。至“一抔之土[5]未干，六尺之孤[6]安在”，不悦曰：“宰相何得失如此人！”

---

① 骆宾王：唐初文学家，曾任临海县丞，后随徐敬业起兵反对武则天，失败后下落不明。

② 徐敬业：即李敬业，曾任太仆少卿、眉州刺史，后在扬州起兵反对武则天，兵败被杀。

③ 檄：用于晓谕、声讨的文书。

④ 大周：武则天改国号为周。

⑤ 一抔之土：即一捧黄土，指唐高宗的陵墓。

⑥ 孤：指被武则天废黜的唐中宗。

译文

骆宾王为徐敬业起草了讨伐武则天的檄文，极力铺叙大周的罪恶。武则天看到“蛾眉不肯让人”“狐媚偏能惑主”时，只是微微笑了一笑。等她读到“一抔之土未干，六尺之孤安在”时，很不高兴地对身边的人说：“宰相怎么失掉了骆宾王这样有才能的人呢！”

孟浩然无官受黜

《唐摭言》

襄阳诗人孟浩然，开元中颇为王右丞[1]所知。维待诏[2]金銮殿，一旦，召之商较风雅[3]，忽遇上[4]幸维所，浩然错愕[5]伏床下，维不敢隐，因之奏闻。上欣然曰："朕素闻其人。"因得诏见。上曰："卿将得诗来耶？"浩然奏闻："臣偶不赍所业。"

---

① 王右丞：王维。

② 待诏：唐初，凡文辞经学之士等值于翰林院，以备待诏，玄宗时遂以待诏名官，负责四方表疏批答，应和文章等事。

③ 风雅：本指《诗经》中的风、雅，这里借指诗文之事。

④ 上：指唐玄宗。

⑤ 错愕：仓促间感到惊愕。

上即命吟。浩然奉诏，拜舞[6]念诗曰：“北阙休上书，南山归敝庐。不才明主弃，多病故人疏[7]。”上闻之抚然曰：“朕未曾弃人，自是卿不求进，奈何反有此作！”因命放归南山，终身不仕。

⑥ 拜舞：古代朝拜的礼节。

⑦ “北阙”四句：见《岁暮归南山》诗的前四句。北阙：指朝廷。南山：终南山，在长安南，唐代士人多隐居于此。

译文

襄阳诗人孟浩然，开元年间很为王维所赏识。王维在宫中值日，有一天，让孟浩然来讨论诗文，突然听闻唐玄宗来到了王维所在的内庭，孟浩然不知所措地躲到床底下去了。王维不敢隐瞒，跟玄宗说了这件事，玄宗很高兴地说："我经常听说这个人的名字。"于是孟浩然受到玄宗召见。玄宗说："你带来你的诗篇了吗？"孟浩然启奏说："臣下偶然到此，未将所作带来。"玄宗命孟浩然当即吟诗，孟浩然奉命吟诗道："北阙休上书，南山归敝庐。不才明主弃，多病故人疏。"玄宗一听很不高兴地沉下脸来说："我未尝抛弃人才，是你自己不求上进，为什么反而作这种诗！"于是下令把孟浩然放归南山，孟浩然因此终身没有做官。

蒲松龄博采

《三借庐笔谈》

相传先生[1]居乡里，落拓无偶，性尤怪僻，为村中童子师，食贫自给，不求于人。作此书时，每临晨携一大磁罂[2]，中贮苦茗[3]，具淡巴菰[4]一包，置行人大道旁，下陈芦衬，坐于上，烟茗置身畔。见行道者过，必强执[5]与语，搜奇说异，随人所知；渴则饮以茗，或奉以烟，必令畅谈乃已。偶闻一事，归而粉饰[6]之。如是二十余寒暑，此书方告蒇[7]。

---

① 先生：指蒲松龄。
② 罂（yīng）：口小腹大的瓶子。
③ 苦茗：浓茶。
④ 淡巴菰（gū）：指烟草。
⑤ 强执：强拉住。
⑥ 粉饰：指文字上的加工润色。
⑦ 蒇（chǎn）：完成。

译文

传说蒲松龄先生住在乡下，景遇落魄没有伴偶，性格特别怪僻，他给村中的孩子当老师，家境贫穷自给自足，不求于人。创作这本书时，每天清晨拿一个大磁罂，里面装苦茶，再带一包淡巴菰，放到行人大道旁，下面垫着芦衬，他坐在上面，烟和茶放到身边。见行人经过，必会强留他们和自己聊天，搜罗奇妙的故事，聊一些奇异的传说，渴了就给行人喝茶，或者奉上烟，一定让那些行人畅谈才罢休。每听说一个好玩的故事，回去用文笔加以修饰润色记录下来。就这样坚持了二十多年，这本书才完成。

王勃即席《滕王阁序》

《唐摭言》

王勃[1]著《滕王阁序》，时年十四。都督[2]阎公不之信，勃虽在座，而阎公意属子婿孟学士[3]者为之，已宿构矣。及以纸笔延让宾客，勃不辞让。公大怒，拂衣而起，专令人伺其下笔。第一报云："南昌故郡，洪都新府。"公曰："亦是老生常谈！"又报云："星分翼轸[4]，地接衡庐[5]。"公闻之，沉吟不言。又云："落霞[6]与孤鹜齐飞，秋水共长天一色。"公矍然而起曰："此真天才，当垂不朽矣！"遂亟请宴所，极欢而罢。

---

① 王勃：初唐著名诗人，与杨炯、卢照邻、骆宾王一起被称为"初唐四杰"。
② 都督：官名，掌管边境和重要地区军事。
③ 学士：对士人的敬称。
④ 翼轸：翼和轸是中国古代二十八宿中的两颗星。
⑤ 衡庐：即衡山和庐山。
⑥ 落霞：日落前出现的彩霞。

译文

王勃作《滕王阁序》时才十四岁。当时，都督阎公很不信任他，在准备写这个序文时，王勃虽然在座，但阎公却想让自己的女婿孟学士来写，因为他的女婿早已构思好了。等到开始写了，阎公先例行公事般地将笔纸轮流送到每个人面前，大家都推让。等到了王勃时，他一点也不推让，阎公见了很生气，袖子一甩就走了，并专门派人看王勃怎么下笔。第一次派去的人报告说："南昌故郡，洪都新府。"阎公说："这不还是老生常谈。"又报告说，下一句是"星分翼轸，地接衡庐"。阎公听了沉默不语。再报说："落霞与孤鹜齐飞，秋水共长天一色。"阎公听了十分兴奋，站起来说："真是奇才呀！他的作品会永远不朽！"并马上将王勃请到宴会厅，尽兴才散。

左思作《三都赋》

《世说新语》

左太冲[1]作《三都赋》初成,时人互有讥訾[2],思意不惬[3]。后示张公[4],张曰:"此'二京[5]'可三。然君文未重于世,宜以经高名之士。"思乃询求于皇甫谧[6]。谧见之嗟叹,遂为作叙。于是先相非贰[7]者,莫不敛衽[8]赞述焉。

① 左太冲:左思,字太冲,西晋时文学家。
② 讥訾(zǐ):嘲讽。
③ 不惬:不愉快。
④ 张公:西晋著名文学家张华。
⑤ 二京:指描写西汉都城长安和东汉都城洛阳的班固《两都赋》和张衡《二京赋》。
⑥ 皇甫谧(mì):西晋时文学家、医学家。
⑦ 非贰:非议。
⑧ 敛衽(rèn):整理衣襟,表示恭敬。

译文

左思作《三都赋》刚完成，当时就有人不断地加以讥刺诋毁，左思心里很不愉快。后来他将自己的作品拿给张华看，张华说："这篇赋完全可以和班固的《两都赋》、张衡的《二京赋》三足鼎立！但是您的文名还没有被世人推崇，应该通过享有盛名的人推荐才好。"于是，左思就去向皇甫谧征询求教。皇甫谧看了他写的赋后，十分叹赏，就为之写了序文。这样，先前那些鄙薄非议《三都赋》的人，没有一个不恭恭敬敬地赞美称道它。

伍

动物有灵

白龟报恩

《搜神后记》

晋咸康[1]中，豫州刺史毛宝[2]戍邾城。有一军人于武昌市，见人卖一白龟子，长四五寸，洁白可爱，便买取持归。著瓮中养之，七日渐大，近欲尺许。其人怜之，持至江边，放江水中，视其去。

后邾城遭石季龙[3]攻陷，毛宝弃豫州，赴江者莫不沉溺。于时所养龟人，被[4]铠持刀，亦同自投。既入水中，觉如堕一石上，水裁[5]至腰。须臾，游出，中流视之，乃是先所放白龟，甲六七尺。既抵东岸，出头视此人，徐游而去。中江，犹回首视此人而没。

---

① 咸康：东晋成帝司马衍的年号。

② 毛宝：东晋将领。据《晋书·毛宝传》，毛宝以万人守邾城，石季龙以七万人马攻城，城陷，投江死的有六千人，毛宝也溺死。

③ 石季龙：石虎，字季龙，后赵皇帝。

④ 被：同"披"，覆盖。

⑤ 裁：同"才"。

译文

东晋咸康年间，豫州刺史毛宝驻守在邾城。在武昌的集市上，一个军人看到有人在卖小白龟，小白龟有四五寸长，洁白可爱，就买下拿回去，把它放在瓮中喂养。小白龟渐渐长大，七天就长到了一尺左右。这个军人怜悯小白龟，把它拿到江边，放入江水之中，看着它游走。

后来邾城被石季龙攻陷，毛宝丢弃豫州，逃到江中的人都淹死了。这个时候那个喂养白龟的军人，穿着铠甲手持战刀，也一同跳进江水中。跳进水中后，感觉像落在了一块石头上，江水只是淹至腰间。不一会儿，浮出了水面，到了江心一看，原来是先前放走的白龟，龟甲已有六七尺。到达东岸后，白龟伸出头来看着这个军人，慢慢地游开了，游到江心，还回头看了看这个军人才沉入水中。

创鹜之报

《容斋随笔》

昔皖南有一农妇，于河边拾薪[①]，微闻禽声，似哀鸣，熟视之，乃鹜[②]也。妇就[③]之，见其两翅血迹斑斑，疑其受创也。妇奉[④]之归，治之旬日[⑤]，创愈。临去，频频颔之，似谢。月余，有鹜数十来农妇园中栖，且日产蛋甚多。妇不忍市[⑥]之，即孵，得雏[⑦]成群。二年，农妇家小裕焉，盖创鹜之报也。

---

① 薪：柴火。

② 鹜(wù)：野鸭子。

③ 就：走近。

④ 奉：同“捧”，捧着。

⑤ 旬日：十天。

⑥ 市：卖。

⑦ 雏(chú)：文中指生下不久的野鸭。

译文

以前皖南有一个农妇，在河边拾柴，隐约听到鸟叫，像哀鸣，仔细看，是野鸭。农妇走近，见它的两翅膀上血迹斑斑，怀疑受伤了。农妇捧野鸭回家，治疗了十天，伤口痊愈。野鸭临行时，频频点头，好像在感谢农妇。过了一个多月，有几十只野鸭来到农妇园中栖息，且每天产很多蛋。农妇不忍心卖，就孵化了，孵出成群小鸭。第二年，农妇家生活小康，原来是受伤野鸭的报答。

二鸿情深

《聊斋志异》

天津弋人[1]得一鸿，其雄者随至其家，哀鸣翱翔，抵暮始去。次日，弋人早出，则鸿已至，飞号从之，既而集其足下。弋人将并捉之，见其伸颈俯仰，吐出黄金半锭。弋人悟其意，乃曰："是将以赎妇也。"遂释雌。两鸿徘徊，若有悲喜，遂双飞而去。弋人称金，得二两六钱[2]强[3]。

噫！禽鸟何知，而钟情若此！悲莫悲于生别离，物亦然耶？

---

① 弋(yì)人：猎人。
② 钱：重量单位，十钱为一两。
③ 强：有余。

译文

天津有个猎人捕得一只雌天鹅，与之一起的雄天鹅也跟随着猎人飞到了他的家中，哀伤地鸣叫，来回盘旋，到了傍晚才离开。第二天，猎人早晨出门，雄天鹅已飞到猎人家，飞叫着跟随着他，后来落在他脚下。猎人想把它一同捉了，只见它伸长头颈，一会儿低头一会儿昂起，最终吐出半块黄金。猎人领会了它的意思，就说：“这是用来赎你的配偶的吧。”猎人就放了雌天鹅，两只天鹅徘徊飞旋，好像又喜又悲，结伴飞着离开。猎人称了金子的重量，有二两六钱多。

唉！飞禽能懂得什么，却这样深情！人世间没有什么比活活分开更悲伤的事了，难道动物也是这样的吗？

二鹊救友

《虞初新志》

某氏园中，有古木，鹊巢[①]其上，孵雏将出。一日，鹊徊翔其上，悲鸣不已。顷之，有群鹊鸣渐近，集[②]古木上，忽有二鹊对鸣，若相语状，俄而扬去。未几，一鹳[③]横空而来，咯咯作声，二鹊亦尾其后。群鹊见而噪，若有所诉。鹳又咯咯作声，似允所请。鹳于古木上盘旋三匝[④]，遂俯冲鹊巢，衔一赤蛇吞之。群鹊喧舞，若庆且谢也。盖二鹊招鹳援友也。

---

① 巢：筑巢。
② 集：聚集，会合。
③ 鹳（guàn）：一种较凶猛的鸟。
④ 匝（zā）：圈。

译文

在某人的花园里有一棵古树，喜鹊在上面筑巢，母鹊马上就要孵出小喜鹊了。一天，一只喜鹊在巢上来回地飞，不停地鸣叫。很快，成群的喜鹊都渐渐闻声赶来，聚集在树上。忽然有两只喜鹊在树上对叫，好似在对话一样，然后便飞走了。过了一会儿，一只鹳从空中飞来，发出“咯咯”的声音，两只喜鹊也跟在它后面。其他喜鹊们见了便喧叫起来，好像有什么事要说。鹳再次发出“咯咯”的叫声，似乎在答应喜鹊的请求。鹳在古树上盘旋三圈，就俯身向喜鹊的窝冲下来，叼出一条赤蛇并吞了下去。喜鹊们欢呼飞舞起来，好像在庆祝，并且向鹳致谢。原来两只喜鹊是去找鹳来做援兵的。

虎产

《搜神记》

苏易者，庐陵妇人，善看产①，夜忽为虎所取，行六七里，至大圹②，厝③易置地，蹲而守，见有牝④虎当产，不得解，匍匐欲死，辄仰视。易怪之，乃为探出之，有三子。生毕，牝虎负易还，再三送野肉⑤于门内。

---

① 看产：接生。

② 圹：墓穴。

③ 厝（cuò）：放置。

④ 牝（pìn）：雌性鸟兽。

⑤ 野肉：野生动物的肉。

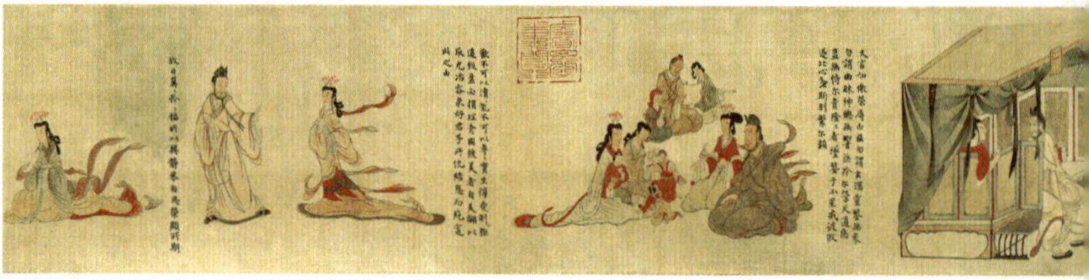

译文

苏易是庐陵郡的一个妇女，善于接生。有一天夜里，她忽然被老虎叼走了。走了六七里路，来到一个大墓穴，老虎便把苏易放在地上，蹲在一旁守着她。她看见有一只母老虎要分娩了，但生不下来，爬来爬去几乎要死了，总是抬头看她。苏易觉得它很奇怪，就伸手进去把小老虎拉了出来，一共有三只。分娩完毕，母老虎就把苏易背回了家，后来又屡次把野兽的肉送到她家里。

华隆获救

《太平广记》

华隆好弋猎，畜一犬，号曰“的尾”，每将自随。隆后至江边，被一大蛇围绕周身。犬遂咋[①]蛇，死焉。而华隆僵仆无所知矣。犬彷徨嗥吠，往复路间。家人怪其如此，因随犬往，隆闷绝委[②]地。载归家，二日乃苏。隆未苏之间，犬终不食。自此爱惜，如同于亲戚焉。

---

① 咋（zé）：咬。

② 委：倒。

译文

华隆喜欢打猎，养了一只狗，名叫“的尾”，每次外出必定跟着他。一天，华隆到江边，被一条大蛇缠绕住全身。狗就奋力咬蛇，蛇被咬死。但华隆倒在江边，昏迷失去知觉。狗狂叫不停，在华家至江边的路上跑来跑去。家里的人对此感到奇怪，于是跟随狗前往，见到华隆由于气闷呼吸不通倒在地上。家人用车把华隆载回家，两天才苏醒过来。在华隆苏醒之前，狗一直不吃东西。从此他十分爱惜这只狗，像对待自己的亲戚一样。

黄耳传书

《述异记》

晋之陆机，畜一犬，曰黄耳。机官①京师，久无家信，疑有不测。一日，戏语犬曰："汝能携书驰②取消息否？"犬喜，摇尾。机遂作书，盛以竹筒，系犬颈。犬经驿路，昼夜不息。家人见书，又反书③陆机。犬即上路，越岭翻山，驰往京师。其间千里之遥，人行往返五旬，而犬才二旬余。后犬死，机葬之，名之曰"黄耳冢"。

① 官：做官。
② 驰：奔跑。
③ 反书：回信。反，同"返"，返回。

译文

晋朝的文人陆机，养了一只狗叫“黄耳”。陆机在京城当官，好久没收到家里寄来的信，担心家里发生了什么事。一天，陆机开玩笑地对他的狗说：“你能带书信跑回家乡取消息回来吗？”狗很开心，摇摆它的尾巴表示同意。陆机立即写了信，装入竹筒，绑在黄耳的脖子上。狗经过专门给马车通行的道路，日夜不停地赶路。家人看到陆机的信，又回信给陆机。狗立即上路，一路翻山越岭，直奔京城。家乡和洛阳之间相隔几千里远，人走路来回需五十天，而狗只用了二十多天。后来狗死了，陆机埋葬了它，取名为“黄耳冢”。

狼

《聊斋志异》

一屠晚归，担中肉尽，止有剩骨。途中两狼，缀行甚远①。

屠惧，投以骨。一狼得骨止，一狼仍从。复投之，后狼止而前狼又至。骨已尽，而两狼之并驱②如故。

屠大窘，恐前后受其敌。顾野有麦场，场主积薪其中，苫蔽成丘③。屠乃奔倚其下，弛④担持刀。狼不敢前，眈眈相向⑤。

---

① 缀（zhuì）行甚远：紧跟着走了很远。缀，连接、紧跟。

② 驱：追随、追赶。

③ 苫蔽成丘：覆盖成小山一样。苫蔽，覆盖、遮盖。

④ 弛：解除，卸下。

⑤ 眈（dān）眈相向：瞪眼朝着屠户。眈眈，注视的样子。

少时，一狼径去，其一犬坐于前。久之，目似瞑[6]，意暇甚[7]。屠暴起，以刀劈狼首，又数刀毙之。方欲行，转视积薪后，一狼洞其中[8]，意将隧入[9]以攻其后也。身已半入，止露尻[10]尾。屠自后断其股，亦毙之。乃悟前狼假寐，盖以诱敌。

狼亦黠矣，而顷刻两毙，禽兽之变诈几何哉？止增笑耳。

---

⑥ 瞑(míng)：闭上眼睛。

⑦ 意暇甚：神情很悠闲。意，这里指神情、态度。暇，从容、悠闲。

⑧ 洞其中：在积薪中打洞。

⑨ 隧入：从通道进入。

⑩ 尻(kāo)：屁股。

译文

一个屠户晚上回家，担子里的肉已经卖完了，剩下的只有骨头。途中有两匹狼，紧跟着他走了很远。

屠户害怕了，把骨头投给狼。一匹狼得到骨头就停止了，另一只狼仍然跟从。屠户再次扔骨头，后面得到骨头的狼停了下来，而先前得到骨头的狼又跟过来了。骨头已经没有了，而两只狼像原来一样一齐追赶屠户。

屠户十分窘迫，担心前后遭受狼的夹击。他看见田野里有一个大麦场，主人在麦场里堆积柴草，覆盖成小山一样。屠户于是跑过去倚靠在柴草堆下，卸下担子拿起刀。狼不敢上前，瞪眼朝着屠户。

一会儿，一只狼径直离开了，另一只像狗一样蹲坐在前面。时间长了，狼的眼睛好像闭上了，神情悠闲得很。屠户突然跃起，用刀砍狼的脑袋，又砍了几刀杀死了这匹狼。他正想离开，转身看到柴草堆后面，另一匹狼正钻进柴堆打洞，打算从后面攻击屠户。狼的身体已经进入了大半，只露出屁股和尾巴。屠户从后面砍掉了狼的大腿，杀死了这匹狼。他才知道前面的狼是假装睡觉，原来是用这种方法来迷惑自己。

狼也真狡猾啊，而一会儿两匹都被杀死了，禽兽的诡诈手段能有多少？只是增加笑料罢了。

蜜蜂螫贼

《搜神后记》

元嘉[1]元年，建安郡山贼百余人破郡治，抄掠百姓资产子女，遂入佛图[2]，搜掠财宝。先是，诸供养具[3]别封置一室。贼破户，忽有蜜蜂数万头，从衣簏[4]出，同时噬螫[5]。群贼身首肿痛，眼皆盲合，先诸所掠，皆弃而走。

---

① 元嘉：南朝宋文帝刘义隆的年号。
② 佛图：指佛寺。
③ 供养具：指供奉神佛的金银器皿。
④ 簏（lù）：用竹子、柳条或藤条编成的筐篓。
⑤ 噬螫（shì zhē）：叮咬。

译文

南朝宋元嘉元年，建安郡的盗贼一百多人，攻进了郡城，抢夺百姓财产，抓走百姓的子女，并且闯进寺院，搜寻掠夺财宝。原先寺院里那些供奉神佛的金银器皿，另外放置封存在一间屋子里。盗贼们打破了门，忽然有几万只蜜蜂，从存放衣物的筐篓中飞了出来，同时去叮咬那些盗贼。这伙盗贼都被叮咬得头身肿痛，眼睛都睁不开。他们丢下先前掠夺来的财物和百姓子女，狼狈地逃走了。

鳝救婢

《虞初新志》

高怀中，业[1]鳝面于扬州小东门，日杀鳝以千数。一婢悯之，每夜窃部分缸中鳝，从后门投诸河，如是[2]累年。一日面店被焚，婢仓皇出逃，为火所伤，困于河滨。夜深入睡，比[3]醒而痛减，伤尽愈。视之，有河中污泥，敷于伤处，而周有鳝之行迹，始知向所放生之鳝来救也。高怀中感其异，遂为之罢业。及拆锅，下有洞，生鳝无数盘其中，悉纵[4]之于河。

---

① 业：经营。
② 如是：像这样。
③ 比：等到。
④ 纵：放。

译文

高怀中在扬州的小东门卖鳝鱼面，每天要杀数千条鳝鱼。有一位女佣怜悯这些鳝鱼，每天夜晚偷一部分水缸里的鳝鱼，把它们从店铺后门扔回河里，像这样过了几年。有一天，店里遭遇火灾，女佣慌忙逃离，被火烧伤，困在了河边。到深夜睡着了，等到醒来，发现不但疼痛减轻了，连灼伤的部位也都好了。她仔细查看，发现有一些河中的污泥敷在伤口上，而周围有鳝鱼游过的痕迹，她才知道是从前放生的鳝鱼救了她。高怀中被这奇异的事感动，于是从此不再营业。等到拆除锅灶的时候，锅灶下面有一个洞，很多活的鳝鱼盘踞在里面，高怀中把它们全部放回了河里。

杨生之狗

《搜神后记》

晋太和[1]中，广陵人杨生养一狗，甚爱怜之，行止与俱。

后生饮酒醉，行大泽[2]草中，眠不能动。时方冬月燎原，风势极盛。狗乃周章[3]号唤，生醉不觉。前有一坑水，狗便走[4]往水中，还，以身洒生左右草上。如此数次，周旋跬步，草皆沾湿，火至，免焚。生醒，方见之。

① 太和：东晋废帝司马奕的年号。

② 泽：低洼的水草之地。

③ 周章：急得转圈子。

④ 走：跑。

译文

晋太和年间，广陵有个姓杨的人，养了一条狗。他特别喜爱这条狗，无论到哪儿都是人狗不离。

一次，这个人喝醉酒走到一处低洼的水草地时，倒地睡着了，一动也不动。当时正赶上冬天野火旺盛，风势很猛。狗就在这个人旁边，不停地绕着圈子叫唤，这个人醉得很厉害，一直没有醒来。前面有个水坑，那狗便跑到水中，把自己身上打湿，然后跑回来，把身上的水洒在这个人周围的草上。这样来来回回许多次，这个人身体周围半步以内的草都湿了。当火烧到的时候，这个人没有被烧着。后来他醒了，才知道这个情况。

鹞异

《列异传》

魏公子[①]无忌曾在室中读书之际，有一鸠[②]飞入案[③]下，鹞[④]逐而杀之。忌忿其搏击，因令国内捕鹞，遂得二百余头。忌按剑至笼曰："昨搦[⑤]鸠者当低头服罪，不是者可奋翼[⑥]！"有一鹞俯伏不动。

---

① 魏公子无忌：信陵君魏无忌，为战国四公子之一。
② 鸠（jiū）：鸟名。
③ 案：狭长的桌子。
④ 鹞：雀鹰，一种凶猛的鸟类。
⑤ 搦（nuò）：抓住，捉住。
⑥ 奋翼：展翅而飞。

译文

信陵君魏无忌有一天正在屋里读书，有一只鸠鸟飞到他的书案下面，随后有一只雀鹰追进屋捕杀了它。无忌愤恨雀鹰的凶残，因此命令国内的百姓捕捉雀鹰，捉到二百多只。无忌握着剑走到笼子边上说：“曾经杀死鸠鸟的，应当低头认罪，不是的，可以展翅飞离。”有一只雀鹰趴着一动不动。

义猴

《杏林集》

某山隅有一老圃，早失偶[1]，惟一女远适[2]他乡。猎者怜其孤，赠以猴。老者爱如赤子[3]，每出必从，不链[4]不掣[5]，而不离不逸。如是者五年。一日，老者暴卒[6]，猴掩门，奔其姐，泪如雨。曰：“父死乎？”颔之，乃俱归。老者家徒壁立，无以为葬，猴遍哭于乡，乡人乃资而掩。姐引之去，猴揖谢之，仍牢守故[7]宅，撷果自食。每逢五必哭祭，似念老父养之五年，哀伤殊甚。未三月而僵卧坟间。乡人怜之，乃葬于老者之侧，勒[8]石其上，曰“义猴之墓”。

---

① 偶：配偶，妻子。
② 适：嫁。
③ 赤子：儿子。
④ 链：用链子锁。
⑤ 掣：拉，牵。
⑥ 暴卒：突然死亡。
⑦ 故：原来。
⑧ 勒：雕刻。

译文

某山脚下有一位种植瓜果蔬菜的老人，配偶很早就逝世了，只有一个女儿远嫁他乡。有一个猎人同情他衰老没有儿子，就送了一只猴子给他。老人像爱亲生儿子一样爱这只猴子。每次出门猴子都必定会跟着他，不用链子锁着不用绳牵着，但猴子不走开也不逃跑。像这样过了五年。一天，老人突然死了，猴子关上门，奔到老人女儿家里，泪如雨下。老人的女儿问："父亲去世了吗？"猴子点了点头，她就和猴子一同回去。老人家里很穷，没有什么财物用来料理丧事，猴子哭遍乡野，乡里的人于是出钱款埋葬了老者。老人的女儿要带猴子走，猴子拱手作揖谢绝了她，仍然固守着老人原来的居所，每天自己摘果吃。每隔五天就为老人大哭一场，好像是感谢老人养了它五年的恩情，很是哀伤。不到三个月，猴子就死在老人的坟墓前。乡里的人可怜它，就把它葬在老人的坟旁边，为它立了一块墓碑，上面刻着"义猴之墓"。

董某与老牛

《阅微草堂笔记》

雍正初，李家洼佃户董某父死，遗一牛，老且跛，将鬻[①]于屠肆[②]。牛逸，至其父墓前，伏地僵卧，牵挽鞭棰[③]，皆不起，惟掉尾长鸣。村人闻是事，络绎来视。忽邻叟刘某愤然至，以杖击牛曰："渠[④]父堕河，何预于汝？使随波漂流，充鱼鳖食，岂不大善！汝无故多事，引之使出，多活十余年。致渠生奉养，病医药，死棺敛，且留此一坟，岁需祭扫，为董氏子孙无穷累。汝罪大矣！就死汝分，牟牟[⑤]者何为？"盖其父尝堕深水中，牛随之跃入，牵其尾得出也。董初不知此事，闻之大惭。自批[⑥]其颊曰："我乃非人！"急引归。数月后病死，泣而埋之。

---

① 鬻（yù）：卖。

② 肆：屠宰场。

③ 棰（chuí）：鞭打。

④ 渠：相当于"他"。

⑤ 牟牟：同"哞哞"，牛叫声。

⑥ 批：拍打。

译文

雍正初年，李家洼有个姓董的佃户，他的父亲去世了，留下一头牛，这头牛又老又跛，董某打算把它卖到屠宰场。老牛逃到董父墓前伏卧在地，人们牵扶鞭打都不起来，只是摇尾长叫。村里人听到这件事，都络绎不绝地来看。忽然邻居刘老头气愤地来了，用拐杖打着牛说："他的父亲掉到河里，与你何干？让他随波漂流沉没，让鱼鳖吃掉，难道不是大好事？你无故多管闲事，用你的尾巴把他引到岸边救了起来，让他多活了十几年。致使他儿子对父亲活着要奉养，病了要医治，死了要用棺材收敛，而且留下一座坟墓，每年都要祭奠扫墓，成了董家子孙无穷的累赘，你的罪太大了，你本就该死，还叫什么冤呢？"原来董某的父亲曾掉到深水中，牛也随之跳到水里，董父拉着牛尾才上了岸。董某最初不知道这事，听到这事后非常惭愧，自打脸颊说："我真不是人！"急忙把牛牵回家。几个月后，老牛病死，董某哭泣着掩埋了它。

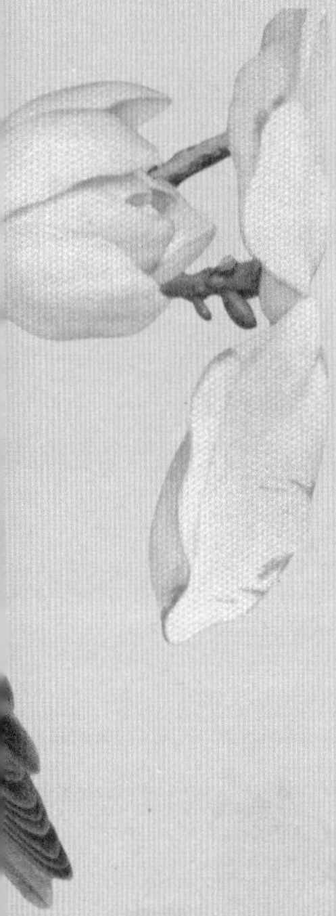

陆 奇闻异事

鲍君庙兴衰

《抱朴子》

昔汝南有人于田中设绳罝[1]，以捕獐而得者，其主未觉。有行人见之，因窃取獐而去，犹念取之不事。其上有鲍鱼[2]者，乃以一头置罝中而去。本主来，于罝中得鲍鱼，怪[3]之，以为神，不敢持归。于是村里闻之，因共为起屋立庙，号为鲍君。后转多奉之者，丹楹藻棁[4]，钟鼓不绝。病或有偶愈者，则谓有神，行道经过，莫不致祀焉。积七八年，鲍鱼主后行过庙下，问其故，人具为之说。其鲍鱼主乃曰："此是我鲍鱼耳，何神之有？"于是乃息。

① 罝(jū)：捉兔子的网，泛指捕野兽的网。
② 鲍鱼：这里指用盐腌渍的鱼。
③ 怪：以……为怪。
④ 棁(zhuō)：梁上的短柱。

译文

从前汝南有个人在田中设下了绳网，用来捕捉獐子，抓住了一头獐子，主人没发现。一个过路的人偷偷地取走了獐子。过路人想想又觉得太不好意思，就把带着的咸鱼放了一条在网里后离开。原来的主人归来后，看见绳网中放着咸鱼，对此感到很奇怪，认为这是神物，不敢拿回去。村里的人听说后，就一起在此建了个祠庙，称为“鲍君庙”。后来传开了，有很多人信奉这个庙中的鲍君，祭祀的人很多，钟鼓不绝。有病的人求鲍神后偶然痊愈，就说这神特别灵，路过的人经过这里，都要进去祈祷，祈求降福。七八年后，那个当初往网里放咸鱼的人经过祠庙，问是怎么回事，村人就如实告诉了他。咸鱼的主人说：“这是我放的咸鱼呀！哪里来的什么神啊！”于是这件事就平息了。

妒妇津

《酉阳杂俎》

临清[1]有妒妇津[2]。相传言，晋泰始[3]中，刘伯玉妻段氏，字明光，性妒忌。伯玉常于妻前诵《洛神赋》[4]，语其妻曰："娶妇得如此，吾无憾矣。"明光曰："君何得以水神美而欲轻我？吾死，何愁不为水神。"其夜乃自沉而死。死后七日，托梦语伯玉曰："君本愿[5]神，吾今得为神也。"伯玉寤[6]而觉之，遂终身不复渡水。有妇人渡此津者，皆坏衣枉妆[7]，然后敢济[8]，不尔，风波暴发。丑妇虽妆饰而渡，其神亦不妒也。

---

① 临清：地名，今属山东。
② 津：渡口。
③ 泰始：晋武帝司马炎的年号。
④《洛神赋》：魏曹植感上古伏羲氏之女宓（fú）妃渡洛水而溺所作。赋中描写神人之间真挚的爱情和洛神的美好形象，十分细腻动人。
⑤ 愿：羡慕。
⑥ 寤（wù）：睡醒。
⑦ 坏衣枉妆：指自毁妆饰。
⑧ 济：渡。

译文

临清城外有个名叫“妒妇津”的渡口。相传晋朝泰始年间，刘伯玉的妻子段氏，字明光，性情爱妒忌。伯玉常常在妻子面前朗诵曹植的《洛神赋》，并对妻子说：“如果能得个妻子像洛神一样，我就没有什么遗憾了。”段氏说：“您怎么能因为水神貌美而轻视我？我死了，何愁不会成为水神？”当天夜里，便自己沉到河里淹死了。死后七天，她给伯玉托梦说：“你喜欢水神，我现在已经变成水神了。”伯玉醒来很不舒服，于是终身不再渡此河。有女人要渡这条河的话，都会先弄乱她们的衣服和妆容，然后才敢渡河，不然的话，河水就会起大风浪。但是丑女人即使精心打扮后过河也没有关系，因为水神并不妒忌丑女人。

封邵化虎

《述异记》

汉宣城郡守封邵一旦忽化为虎，食郡民，民呼曰“封使君”。因去不复来。故时人语曰：“无[1]作封使君，生不治民死食民。”

① 无：同“毋”，不要。

译文

汉时宣城太守封邵有一天忽然变成了一只猛虎，吃当地的老百姓，大家称他为“封使君”。后来他跑走了再也没出现过。当时便流行这样一首歌谣：“当官莫学封使君，封邵做官心太狠；生不为民办好事，死变猛虎还吃人。”

贾雍无头

《搜神记》

汉武时，苍梧[1]贾雍为豫章[2]太守，有神术。出界讨贼，为贼所杀，失头，上马回营。营中咸[3]走来视雍。雍胸中语曰："战不利，为贼所伤。诸君视有头佳乎？无头佳乎？"吏涕泣曰："有头佳。"雍云："不然，无头亦佳。"言毕遂死。

① 苍梧：郡名，在今广西。
② 豫章：郡名，在今江西。
③ 咸：全，都。

译文

汉武帝时候，苍梧人贾雍任豫章太守，他有道术。有一次他出郡界去讨伐贼寇，被贼寇杀死，丢了脑袋，他的身子骑上马回营。营中将士都跑出来看他。贾雍的胸中发出声音说：“战斗失利，被贼寇伤害。诸位看看是有头好呢？还是没头好呢？”属吏哭泣说：“有头好。”贾雍说：“不是这样，没有头也好。”说完话，就死去了。

快刀

《聊斋志异》

明末，济属[1]多盗。邑各置兵，捕得辄杀之。章丘盗尤多。有一兵佩刀甚利，杀辄导窾[2]。一日，捕盗十余名，押赴市曹[3]。内一盗识兵，逡巡[4]告曰："闻君刀最快，斩首无二割。求杀我！"兵曰："诺。其谨[5]依我，无[6]离也。"盗从之刑处，出刀挥之，豁然头落。数步之外，犹圆转而大赞曰："好快刀！"

---

① 济属：济南府所管辖的地区。

② 杀辄导窾（kuǎn）：指一刀便断头。

③ 市曹：市内商业集中之处，常为古代行刑之处。

④ 逡巡：迟疑徘徊。此谓吞吞吐吐，难以出口。

⑤ 谨：谨慎小心，此处有注意留心之意。

⑥ 无：不要。

译文

明代末年，济南府属下各地有很多强盗，每个县都设置军队，捕到强盗就杀掉。章丘县的强盗尤其多。这个县的官军中有一个士兵，佩带的刀特别锋利，杀人毫不费劲。一天，官军捕获了十几个强盗，全部押赴法场斩首。其中一个强盗认得这个士兵，便犹豫地凑上前说："听说您的刀最快，砍头不用砍第二次。求您杀我吧！"士兵说："好吧。你跟在我身边，不要离开我。"强盗跟着士兵来到刑场，士兵一刀砍去，强盗的脑袋就干净利落地滚落下来。滚到数步之外，一边在地上打着转，嘴里还大声称赞道："好快的刀！"

老桑烹龟

《异苑》

吴孙权时，永康县有人入山，遇一大龟，即束之以归。龟便言曰："游不量[①]时，为君所得。"人甚怪之，担出欲上吴王。

夜泊越里，缆舟于大桑树。宵中[②]，树忽呼龟曰："劳乎元绪[③]，奚[④]事尔耶？"龟曰："我被拘系，方见烹臛[⑤]。虽然，尽南山之樵，不能溃[⑥]我。"树曰："诸葛元逊[⑦]博识，必致相苦。令求如我之徒，计从安簿[⑧]？"龟曰："子明[⑨]无多辞，祸将及尔。"

---

① 量：计算。
② 宵中：半夜。
③ 元绪：乌龟的别名。
④ 奚：什么。
⑤ 臛(huò)：肉羹。
⑥ 溃：煮烂。
⑦ 诸葛元逊：诸葛恪，字元逊，吴国权臣。
⑧ 计从安簿：意思是从什么书本上想办法呢？
⑨ 子明：桑树的别称。

树寂而止。

既至建业，权命煮之，焚柴万车，语犹如故。诸葛恪曰：“燃以老桑树乃熟。”献者乃说龟树共言，权使人伐桑树煮之，龟乃立烂。今烹龟犹多用桑薪，野人故呼龟为元绪。

译文

吴国孙权在位时，永康县有个人去山里遇到了一只大龟，就把它捆起来要带回家。龟便说道："惨了，出游没掐算好日子。"这人觉得龟很奇怪，就把龟担出山想献给吴王。

晚上停泊在越里，就把船拴在一棵大桑树上。半夜大桑树忽然招呼龟说："辛苦了元绪，你出什么事了？"龟说："我被捉住了，就要被煮了。不过就算砍光了南山上的木柴也别想煮坏我。"桑树说："诸葛元逊见识广博，一定会使你受苦。假如他下令寻找我这类的树当柴火，你又怎么办呢？"龟说："子明别乱说话，不然灾祸将会落到你身上。"桑树就不再说话。

到了吴国都城建业，孙权下令煮龟，烧了有上万车的木柴，龟还是照常说话。诸葛恪说："用老桑树烧火就能煮熟了。"献龟的人就说了龟和桑树的对话。孙权派人砍伐桑树来煮龟，龟很快就煮烂了。现在人们煮龟仍大多使用桑柴。老百姓因此把龟叫作"元绪"。

猎人化鹿

《列异传》

昔鄱阳郡安乐县有人姓彭，世以捕射为业。儿随父入山，父忽蹶然[①]倒地，乃变成白鹿。儿悲号追鹿，超然远逝，遂失所在。儿于是终身不捉弓。至孙，复学射。忽得一白鹿，乃于鹿角间得道家七星符，并有其祖姓名，年月分明。视之惋悔，乃烧去弧矢[②]。

① 蹶然：跌倒的样子。
② 弧矢：弓和箭。

译文

从前，鄱阳郡安乐县有一家姓彭的人，世世代代都以打猎为生。有一天，彭氏子随他父亲进山去打猎，彭氏忽然昏倒在地上，变成了一只白鹿。儿子悲痛大哭去追这只鹿，但白鹿很快跑出了视线，怎么找也找不到。于是儿子从此终身不拿弓箭打猎了。到孙子这一代，又开始学射箭打猎。有一次射得一只白鹿，然后在鹿角中间看到一个道家的七星符，上面有他爷爷的姓名，连出生年月日都相符。他看着鹿非常后悔，于是就烧掉了弓箭。

千日酒

《博物志》

昔刘玄石于中山酒家沽[1]酒，酒家与千日酒，忘言其节度[2]。归至家当醉，而家人不知，以为死也，权葬之。酒家计千日满，乃忆玄石前来沽酒，醉当醒耳。往视之，云："玄石亡来三年，已葬。"于是开棺，醉始醒。

---

① 沽：买。

② 节度：酒量，或酒度数。

译文

从前有个人叫刘玄石，到中山的酒店买酒。酒家将“千日醉”卖给他，忘了告诉他酒的烈性。玄石喝醉了，回到家中便睡下，几天都不醒来，家里人不知道，以为他死了，备办了棺材将他埋葬。过了一千天，酒店老板才想起玄石曾来买过酒，喝醉后该醒了，就到玄石家探问。玄石家里人说：“他已经死了三年了，已经埋葬了。”酒店老板就同玄石家人来到墓地，掘开坟墓一看，玄石才醒来。

秦时妇人

《太平广记》

唐开元中，代州都督以五台多客僧①，恐妖伪事起，非有住持者，悉逐之。客僧惧逐，多权窜山谷。

有法朗者，深入雁门山②。幽涧之中有石洞，容人出入。朗多赍干粮，欲住此山，遂寻洞入。数百步渐阔，至平地，涉流水，渡一岸，日月甚明。更③行二里，至草屋中，有妇人，并衣草叶④，容色端丽。

见僧惧愕，问云："汝乃何人？"僧曰："我人也。"妇人笑云："宁有人形骸如此？"僧曰："我事佛⑤。佛须摈落形骸⑥，

---

① 客僧：外地来的客游之僧，或称游方之僧。

② 雁门山：在代县西北，山顶设雁门关。长城从此山过，故文中言秦时妇人为避修长城苦役藏到这里来。

③ 更：再。

④ 并衣草叶：全都身上穿着草和树叶。

⑤ 事佛：信佛教。

⑥ 摈落形骸：指抛弃俗人的形体。

故尔。”因问：“佛是何者？”僧具言之。相顾笑曰：“语甚有理。”复问：“宗旨[7]如何？”僧为讲《金刚经》。称善数四。僧因问：“此处是何世界？”妇人云：“我自秦人，随蒙恬[8]筑长城。恬多使妇人，我等不胜其弊[9]，逃窜至此。初食草根，得以不死。此来亦不知年岁，不复至人间。”遂留僧，以草根哺之，涩不可食。

僧住此四十余日，暂辞，出人间求食。及至代州，备粮更去，则迷不知其所矣。

---

⑦ 宗旨：此处指佛教教义。

⑧ 蒙恬：秦朝将军。秦始皇曾派他率兵修筑长城，抵御匈奴。

⑨ 弊：此处指繁重的体力劳动。

译文

唐朝开元年间，代州都督因为五台山客僧多，恐怕妖伪之事发生，就下令把不是本地寺院中的游方僧人，全部赶走。客僧害怕被驱逐，大多暂时逃避到山谷中去。

有个叫法朗的和尚，逃进雁门山深处。雁门山深涧当中有个石洞，能容纳人进出。法朗带了很多干粮，想要住在这座山里，于是他就寻找洞口进去了。走了几百步之后，那里渐渐开阔了。到了平地，踏过流水，渡到另一岸，那里太阳、月亮都很明亮。又走了二里，到一个草屋中，草屋中有女人，都穿着草和树叶，但容颜端庄秀丽。

她们看见和尚，害怕而又惊讶，就问和尚："你是什么？"和尚说："我是人啊！"女人笑着说："难道有这种样貌的人吗？"和尚说："我侍奉佛，侍奉佛必须剃光头发，所以这样。"她们又顺便问："佛是干什么的？"法朗就详细地说给她们听。女人们互相看了看，笑着说："他的话很有道理。"又问："佛教的宗旨如何？"法朗就给她们讲解《金刚经》。她们听了再三再四称赞叫好。法朗就问她们：“这个地方是个什么样的世界？”女人说：“我们本来是秦人，随着蒙恬修筑长城。蒙恬多使用妇女，我们忍受不了那样的折磨，就逃避到这里。当初吃草根，才能够不死。来到这里也不知道年岁，也没有再去过外面的世界。”于是她们就把法朗留下，用草根养活他。法朗觉得草根太涩，根本不能吃。

法朗在这里住了四十多天，就暂时告辞出去，到人间去寻找粮食。等他到了代州，准备好粮食再去时，却迷失了道路，不知道那个地方在哪儿了。

五花丝粽

《续齐谐记》

屈原五月五日投汨罗水①，楚人哀之，至此日，以竹筒子贮米，投水以祭之。汉建武②中，长沙区曲忽见一士人，自云三闾大夫③，谓曲曰："闻君当见祭，甚善。常年为蛟龙所窃。今若有惠④，当以楝⑤叶塞其上，以彩丝缠之，此二物蛟龙所惮。"曲依其言。今五月五日作粽，并带楝叶五色丝，遗风也⑥。

① 汨罗水：即汨罗江。
② 建武：东汉光武帝的年号。
③ 三闾大夫：楚官名，屈原曾任此职，这里指屈原。
④ 有惠：有恩惠，指给自己送粽子。
⑤ 楝：一种树木，古人认为楝叶辟邪。
⑥ 遗风：遗留下来的风俗习惯。

译文

屈原于五月初五投汨罗江而死，楚国人都为他哀悼。到了这一天，人们用竹筒装米，扔进水里来祭奠他。东汉建武年间，长沙人区曲忽然遇见一个士人，自称是三闾大夫屈原。他对区曲说："得知你正要来此祭奠一番，很好。但这些年大家送来的东西，总是被蛟龙偷去吃了。今天你如果有什么东西要送的话，可以在外面包上楝树叶，再用五彩线缠上。这两样东西是蛟龙所害怕的。"区曲照他说的这样去做了。今天，老百姓们在五月初五包粽子，包上楝树叶，缠上五彩线，便是汨罗江畔遗留下来的风俗习惯。

重九登高

《续齐谐记》

汝南桓景随费长房[1]游学累年。长房谓曰："九月九日，汝家中当有灾。宜急去，令家人各作绛囊[2]，盛茱萸以系臂，登高饮菊花酒，此祸可除。"景如[3]言，齐家登山。夕还，见鸡、犬、牛、羊一时暴死。长房闻之，曰："此可代也。"今世人九日登高饮酒，妇人带茱萸囊，盖始于此。

---

① 费长房：东汉汝南人，他学仙道，能治病捉妖。

② 绛（jiàng）囊：红色的口袋。

③ 如：依照。

译文

汝南的桓景跟随费长房在外游学多年，有一天费长房对他说："九月九日，你家里会有大灾难。你应该马上回去，叫家里人每人做一个红色的袋子，装上茱萸，系在臂上，登到高处，喝菊花酒，这个灾难就可以消除了。"桓景照他说的做了，全家登上山。晚上回来，看到鸡犬牛羊都死了。费长房知道了说："这是代替你们承受了灾难。"现在人们九月九日登高喝酒，妇女带着装茱萸的袋子，大概是来源于此吧！

紫荆树

《续齐谐记》

京兆①田真兄弟三人，共议分财，生②资③皆平均，惟堂前一株紫荆树，共议欲破三片，明日就截之。其树即枯死，状如火燃。真往见之，大惊，谓诸弟曰："树本同株，闻将分斫，所以憔悴，是人不如木也。"因悲不自胜，不复解树④，树应声荣茂。兄弟相感，合财宝，遂为孝门⑤。真仕至太中大夫。

---

① 京兆：京都。

② 生：同"牲"，指家畜。

③ 资：指财货。

④ 解树：把树砍成数段。

⑤ 孝门：此指孝敬父母，兄弟和睦之家。

译文

京都田真兄弟三人，在一起商量分家的事。牲畜和财产都平均分，只有房前一棵紫荆树不好分，商量之后，准备把它分成三段，第二天就要去锯树。那棵树马上就枯死了，样子像被火烧了一般。田真从树旁经过，看到树的变化，大惊失色，对两个弟弟说：“树本同根，它知道将要被砍开，所以枯萎了。由此看来，人还不如树呀！”想到这里，他们难过得无法忍受，决定不再锯树。紫荆树马上恢复了繁荣茂盛。兄弟三人被这种景象感动，又把分了的财产合在一起。于是他们家成了礼义孝敬之家。田真后来做官直做到太中大夫。

柒

神鬼精魅

安阳亭书生斩妖

《搜神记》

安阳城南有一亭，夜不可宿，宿辄杀人。书生明术数，乃过宿之。亭民曰："此不可宿，前后宿此，未有活者。"书生曰："无苦也，吾自能谐。"遂住廨舍①，乃端坐诵书，良久乃休。

夜半后，有一人著皂单衣，来往户外，呼亭主，亭主应诺。"见亭中有人耶？"答曰："向者有一书生，在此读书。适休，似未寝。"乃喑嗟②而去。须臾，复有一人，冠赤帻者，呼亭主，问答如前，复喑嗟而去。

既去寂然，书生知无来者，即起诣向者呼处，效呼亭主，亭主亦应诺。复云："亭中有人耶？"亭主答如前。乃问曰："向黑衣来者谁？"曰："北舍母猪也。"又曰："冠赤帻来者谁？"曰："西舍老雄鸡父也。"曰："汝复谁耶？"曰："我是

---

① 廨（xiè）舍：官府营建的房舍。

② 喑嗟：低声叹息。

老蝎也。”于是书生密便诵书至明，不敢寐。

天明，亭民来视，惊曰：“君何得独活？”书生曰：“促索剑来，吾与卿取魅。”乃握剑至昨夜应处，果得老蝎，大如琵琶，毒长数尺。西舍得老雄鸡父，北舍得老母猪。凡杀三物，亭毒遂静，永无灾横。

译文

安阳城南有一座驿亭，晚上不能住宿，住宿在那里就会被杀死。有个书生懂得法术，路过时就住宿在那里。驿亭旁的百姓说："这里不能住宿，前前后后住在这里的人没有活下来的。"书生说："没有关系，我自会应付。"于是住进了客房，端坐着诵读书文，很久才休息。

半夜以后，有一个人穿着黑色的单衣，来到门外，呼喊亭主，亭主应答。问："亭子中有人吗？"回答说："先前有个书生在这里读书，刚刚休息，好像还没睡着。"那穿黑衣服的就轻轻叹息着离开了。不久，又有一个人戴着红头巾来呼喊亭主，问话和答话像先前一样，他也轻声叹息着离开了。离开之后驿亭静悄悄的。书生知道没有人来了，就起身到先前呼唤的地方，模仿他们呼喊亭主，亭主也应声回答。书生问："亭中有人吗？"亭主像先前一样回答。于是又问道："刚才穿黑衣服来的人是谁？"回答说："是北屋的母猪。"又问："戴红头巾来的人是谁？"回答说："是西屋的老公鸡。""你又是谁？”“我是老蝎子。”于是书生就勉力诵读诗书直到天亮，一刻也不敢入睡。

天亮了，驿亭边的百姓前来看他，吃惊地说：“您怎么偏偏能活下来？”书生说：“赶快找把剑来，我和你们去捉拿妖怪。”于是握着剑到昨天夜里应答的地方，果然发现一只老蝎子，大得像琵琶，毒刺有几尺长。到西屋发现了老公鸡，到北屋发现了老母猪。大家一起杀了这三个怪物，亭中的毒害就除了，灾祸也永远没有了。

八月浮槎

《博物志》

旧说云：天河与海通。近世有人居海渚[①]者，年年八月有浮槎[②]去来，不失期。人有奇志，立飞阁于槎上，多赍[③]粮，乘槎而去。十余日中，犹观星月日辰，自后芒芒[④]忽忽，亦不觉昼夜。去十余日，奄[⑤]至一处，有城郭状，屋舍甚严，遥望宫中多织妇，见一丈夫，牵牛渚次[⑥]饮之。牵牛人乃惊问曰："何由

① 渚(zhǔ)：水中的小块陆地。
② 槎(chá)：木筏。
③ 赍：携带。
④ 芒芒：同"茫茫"，迷茫。
⑤ 奄：忽然，很快。
⑥ 渚次：岸边。

至此？”此人具说来意，并问此是何处。答曰：“君还至蜀郡，访严君平[7]则知之。”竟不上岸，因还如期。后至蜀问君平，曰：“某年月日有客星犯牵牛宿[8]。”计年月，正是此人到天河时也。

⑦ 严君平：西汉时蜀人，相传他占卜十分灵验。

⑧ 牵牛宿（xiù）：星名，二十八宿之一。

译文

在古老的传说中，银河和大海是可以相通的。在离晋比较近的朝代，有个住在海岛上的人，这人每年八月都乘着木筏在银河与大海之间来来回回玩耍，从来不会错过期限。这人喜欢奇思妙想，在自己的木筏上建造了一座很高的楼阁，还囤积了很多粮食在里面，然后乘着木筏一次次去银河漫游。一次，他在银河漂了十几天，看到太阳、月亮和星星一直同时出现在空中，这导致他恍恍惚惚，根本分不清白天黑夜了。这人在银河旅行十多天后，突然来到一个地方，像一座城市的模样，房屋都排列得十分整齐。他远远看过去，发现这些房子里，有很多女人在织布。接着他又看到在河中小岛上，有一个男人牵着牛，正在给牛喝水。那男人回头，看到了他，惊异地问道："你怎么到这里来了？"他跟人家解释了一番，然后问道："你们这儿是个什么地方？"牵牛的人没有直接回答他，只给他指了条路，说："你回到蜀郡去拜访严君平就知道了。"他虽然好奇，却没有上岸进城，还是按照木筏来去的时间，按时回到家中。后来他真的找到了蜀郡的严君平，严君平是个道学家，擅长占卜。听这人说完他的经历后，严君平算得：“某年某月某日，有一颗意外出现的星星冒犯了牵牛星。”严君平将算出的年月告诉他，时间刚好就是这人到达银河的时候。

陈在衡不怕鬼

《金壶七墨》

陈在衡先生，和蔼而风趣，年六十余。暮行郊野间，见二人笼灯前行，遂就[①]火吸烟，久而不燃。其一人问："君过首七[②]未耶？"陈讶其语，漫[③]曰："未也。"其人曰："宜哉，阳气未尽，故阴火不燃。"陈悟为鬼。佯曰："世言人畏鬼，信[④]乎？"鬼曰："非也！鬼实畏人。"陈曰："人何足畏？"曰："畏啐[⑤]。"陈即长吸而啐之。二鬼退至三步外，张目怒陈曰："汝非鬼也？"陈笑曰："实不汝欺，吾乃与鬼相近之人耳！"再啐之，各缩其半；三啐之而灭。

---

① 就：靠近。

② 首七：人死后的第一个七天。

③ 漫：随意。

④ 信：真的。

⑤ 啐（cuì）：吹气。

译文

陈在衡先生，和蔼又风趣，六十多岁了。傍晚时在野外行走，看到两个人打着灯笼往前走。陈在衡蹭火点烟，很久都点不燃。其中一个人问："你过人死后的第一个七天了吗？"陈在衡对他的话感到奇怪，就随便说道："没呢。"这个人就说："这就对了，阳气还没完，所以阴火点不燃。"陈在衡领悟到他们是鬼。就假称："世人都说人怕鬼，真的吗？"鬼说："不是！鬼其实怕人！"陈在衡说："人有什么值得怕的？"鬼说："怕人向我们吹气。"陈在衡于是长吸了一口气朝他们吹。两个鬼后退到三步外，睁大眼睛很生气地问陈在衡："你不是鬼？"陈在衡笑着回答："实不相瞒，我只是和鬼很接近的人罢了！"陈在衡又向他们吹气，两个鬼都变小了一半，第三次吹气两个鬼就都消失了。

丁公化鹤

《搜神后记》

丁令威，本辽东人，学道于灵虚山。后化鹤归辽，集[1]城门华表[2]柱。时有少年举弓欲射之，鹤乃飞，徘徊空中而言曰："有鸟有鸟丁令威，去家千年今始归，城郭如故人民非，何不学仙冢累累？"遂高上冲天。今辽东诸丁云其先世有升仙者，但不知名字耳。

---

① 集：停留。

② 华表：古代宫殿、陵墓等大型建筑物前面做装饰用的巨大石柱。

译文

丁令威本来是辽东人，在灵虚山学道。后来，他化为一只鹤飞回辽东，停留在城门前的华表柱上。当时有个少年，举起弓箭想射杀它。鹤就飞了起来，在空中徘徊着说：“鸟儿鸟儿丁令威，离家千年今才归，为何不去学成仙？人生短促坟累累！”于是高飞入天。如今辽东那些姓丁的人都说他们的先辈有成仙的，只是不知道名字罢了。

狐入瓶

《聊斋志异》

万村石氏之妇，祟[1]于狐，患之，而不能遣。扉[2]后有瓶，每闻妇翁来，狐辄遁匿其中。妇窥之熟，暗计[3]而不言。

一日，窜入。妇急以絮塞其口，置釜[4]中，燂[5]汤而沸之。瓶热，狐呼曰："热甚！勿恶作剧。"妇不语。号益急，久之无声。拔塞而验之，毛一堆，血数点而已。

---

① 祟：受害。
② 扉：门。
③ 暗计：心中盘算。
④ 釜（fǔ）：铁锅。
⑤ 燂（tán）：烧。

译文

万村石家的媳妇，被狐狸精缠上，一家人很担忧，却打发不走它。她家门后有个瓶，每次听见妇人的公公过来，狐狸精就藏入瓶内。妇人多次看在眼里，心中暗暗想出了一个计谋，但没有说出来。

一次，狐狸精又钻入瓶内，妇人急忙用棉絮塞住瓶口，把瓶放到锅里煮。瓶热后狐狸精在瓶内喊："太热了，别胡闹！"妇人不答话，继续煮。狐狸精在瓶里喊得更急，时间一长就听不到动静了。妇人拔开塞子看时，仅有一堆狐狸毛和几滴血而已。

黎丘丈人

《吕氏春秋》

梁[①]北有黎丘部[②]，有奇鬼焉，喜效人之子侄昆[③]弟之状。邑丈人[④]有之市而醉归者，黎丘之鬼效其子之状，扶而道苦之。

丈人归，酒醒而诮[⑤]其子，曰："吾为汝父也，岂谓不慈哉？我醉，汝道苦我，何故？"其子泣而触地曰："孽[⑥]矣！无

① 梁：战国中后期魏国的都城在大梁，因此魏国也称梁国。
② 部：小山丘。
③ 昆：兄。
④ 邑丈人：当地有个老人。
⑤ 诮（qiào）：责备。
⑥ 孽（niè）：这里是冤枉的意思。

此事也！昔也往责[7]于东邑，人可问也。”其父信之，曰：“嘻！是必夫奇鬼也，我固尝闻之矣！”

明日端[8]复饮于市，欲遇而刺杀之。明旦之市而醉。其真子恐其父之不能反也，遂逝[9]迎之。丈人望其真子，拔剑而刺之。丈人智惑于似其子者，而杀其真子。

---

⑦ 责：同“债”，讨债。

⑧ 端：故意。

⑨ 逝：往，去。

译文

魏国的北部有座叫黎丘的小山，那儿有个奇怪的鬼，喜欢扮成人家子侄兄弟的样子。乡里有个老者在街市上喝醉了，要回家，黎丘的鬼装成他儿子的样子，扶着他回家，一路上把他折磨得好苦。

老者回到家，酒醒后就责骂他的儿子，说："我是你的父亲啊，难道我对你不够好吗？我喝醉了，你在路上折磨我，这是为什么？"他的儿子哭着磕头说："冤枉啊！没有这样的

事啊！昨天我去村东向人讨债，可以问他们的。”老者相信了儿子的话，说：“唉！那一定是那奇鬼干的，我早就听说过有这种事了！”

第二天老者特意去街市上喝酒，想碰上那鬼将它刺死。一早老者就去了集市，喝醉了酒，他的儿子担心父亲不能回家，就去接他。老者看见儿子，就拔出剑刺死了他。老者的理智被装成他儿子的鬼弄糊涂了，而杀死了自己真正的儿子。

罗浮遇梅仙

《龙城录》

隋开皇[1]中，赵师雄迁罗浮。一日天寒日暮，在醉醒间，因憩[2]仆车于松林间酒肆傍舍，见一女子淡妆素服，出迓[3]师雄。时已昏黑，残雪对月色微明。师雄喜之，与之语，但觉芳香袭人，语言极清丽。因与之扣酒家门，得数杯，相与饮。少顷，有一绿衣童来，笑歌戏舞，亦自可观。顷醉寝，师雄亦懵然，但觉风寒相袭。久之，时东方已白，师雄起视，乃在大梅花树下，上有翠羽啾嘈，相顾月落参横，但惆怅而尔。

---

① 开皇：隋文帝杨坚的年号。

② 憩(qì)：休息。

③ 迓(yà)：迎接。

译文

隋朝开皇年间，赵师雄调职至广东罗浮。一日，天气寒冷日已西斜，薄暮冥冥，赵师雄半醉半醒之间，将马车停在松树林一家酒肆旁歇息。忽然看见一位淡妆白衣女人，出来迎接他。当时天色昏黑，残雪映着月光还有几分光亮。赵师雄很高兴，和女子交谈，只觉女子身体芬芳馥郁，香气袭人，谈吐清雅。赵师雄就敲开酒肆的门，要来几杯酒水，和女子共饮。不一会儿，一个绿衣童子翩然而至，唱戏唱歌跳舞，水平俱佳。不久，赵师雄就喝醉睡着了，懵懵懂懂之间，只觉得非常寒冷。

过了很久，天已经蒙蒙亮了，赵师雄醒来四处张望，发现自己睡在一株大梅花树下，上面有一只翠鸟在鸣叫，很是悦耳。当时月落星稀，赵师雄顾盼之间，不禁惆怅不已。

宋定伯捉鬼

《搜神记》

南阳宋定伯，年少时，夜行逢鬼。问之，鬼言："我是鬼。"鬼问："汝复谁？"定伯诳[1]之，言："我亦鬼。"鬼问："欲至何所？"答曰："欲至宛市[2]。"鬼言："我亦欲至宛市。"遂行数里。

鬼言："步行太迟[3]，可共递相担[4]，何如？"定伯曰："大善。"鬼便先担定伯数里。鬼言："卿太重，将非鬼也？"定伯言："我新鬼，故身重耳。"定伯因复担鬼，鬼略无重。如是再三。定伯复言："我新鬼，不知有何所畏忌？"鬼答言："惟不

---

① 诳（kuáng）：欺骗。
② 宛市：宛县的集市。
③ 迟：缓慢。
④ 共递相担：一起轮流相互背负。

喜人唾。”于是共行。道遇水，定伯令鬼先渡，听之，了然无声音。定伯自渡，漕漼[5]作声。鬼复言：“何以有声？”定伯曰：“新死，不习渡水故耳，勿怪吾也。”

行欲至宛市，定伯便担鬼著肩上，急执[6]之。鬼大呼，声咋咋[7]然，索下[8]，不复听之。径至宛市中。下著地，化为一羊，便卖之。恐其变化，唾之。得钱千五百，乃去。当时石崇有言：“定伯卖鬼，得钱千五。”

---

⑤ 漕漼：涉水的声音。

⑥ 执：抓牢。

⑦ 咋咋（zé）：惊叫的声音。

⑧ 索下：要求下来。

译文

南阳人宋定伯年轻时候，有一天夜里走路遇见了鬼，问道："谁？"鬼说："我是鬼。"鬼问道："你又是谁？"宋定伯欺骗他说："我也是鬼。"鬼问道："你要到什么地方去？"宋定伯回答说："要到宛市。"鬼说："我也要到宛市。"于是他们一同走了几里路。

鬼说："步行太缓慢，可以轮流相互背负。"宋定伯说："很好。"鬼就先背宋定伯走了几里路。鬼说："你太重了，恐怕不是鬼吧？"宋定伯说："我是新鬼，所以身体比较重。"轮到宋定伯背鬼，这个鬼几乎没有重量。他们像这样轮换着背了好几次。宋定伯又说："我是新鬼，不知道鬼害怕什么？"鬼回答说："只是不喜欢人的唾沫。"于是又一起走。在路上遇到了河水，宋定伯让鬼先渡过去，听着它过河，一点声音也没有。宋定伯自己渡过去，河水哗啦啦地发出声响。鬼又说："为什么有声音？"宋定伯说："我刚刚死不久，是不熟悉渡水的缘故罢了，不要见怪。"

快到宛市了，宋定伯便把鬼背在肩上，紧紧地抓住它。鬼大声惊叫，恳求放它下来，宋定伯不再听它的话。他把鬼一直背到宛市中，才将鬼放到地上，鬼变成了一只羊，宋定伯就卖了它。宋定伯担心它再有变化，就朝鬼身上吐唾沫。卖掉它得到一千五百文钱，于是离开了宛县的集市。当时石崇说："宋定伯卖鬼，得到了一千五百文钱。"

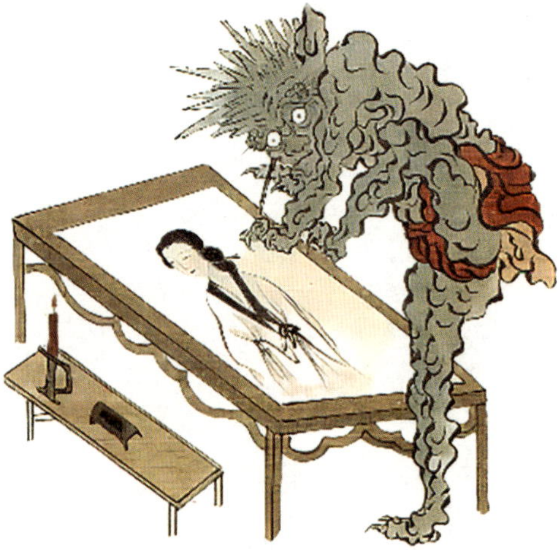

物老为怪

《集异记》

宋中山刘玄居越城。日暮，忽见一人著乌裤褶[1]来。取火照之，面首无七孔，面莽[2]傥然。乃请师筮[3]之。师曰：“此是君家先世物，久则为魅杀人。及其未有眼目，可早除之。”刘因执缚，刀斫[4]数下，变为一枕。乃是其先祖时枕也。

---

① 裤褶：即裤子。

② 莽（mǎng）：密生的草。

③ 筮（shì）：占卜。

④ 斫（zhuó）：用刀、斧等砍。

译文

南朝宋时期，中山人刘玄住在越城。天黑时忽然看见一个穿着黑裤子的人过来，拿火照这个人，头脸上没有七窍，脸像一堆荒草的样子。于是刘玄便请巫师占卜。巫师说："这是你家前辈的东西，时间久了就变成鬼魅杀人。趁它还没有长出眼睛，可以及早除掉它。"刘玄于是把那个怪物捉拿捆绑起来，用刀砍了几下，竟变成一个枕头。这是他先祖那时候的枕头。

仙居牧儿

《夷坚志》

台州仙居民王三入市，逢乞子卖泥塑吕先生[1]像。买归供事之，香火甚肃。

小儿年十岁许，亦每日敬拜。尝牧牛山坡，见白衣道人过前，亟从牛背跃下，挽其袍，呼为吕先生。道人曰："汝安得以此见称，且何为识我？"儿云："你便是我家供养的，面目衣

① 吕先生：即吕洞宾，传说中的八仙之一。

裳一般，只是身体长大不同耳。”道人笑，将一钱置于儿手，戒之曰：“汝要买物吃时，但用此，尽取尽有，惟不得向人说。”儿喜，归家，密白[2]其父，开手示之，才用一钱毕，又有一钱在手。

经月余，父忽起无厌之心，施竹畚[3]于旁，命儿伸手拂之不已，钱随而坠下，至三日，所得十余千。明日，不复有矣。

---

② 白：告诉。

③ 畚（běn）：用竹、木或薄铁皮等做的撮东西的器具。

译文

台州仙居人王三到市中去，碰上一个乞丐卖吕洞宾的泥塑小像，就买了一个，回到家中供奉着，香火烧得很认真。

王三的小儿子才十岁左右，也每天敬拜。有一天，他在山坡上放羊，看见一位白衣道人从他面前经过，小孩急忙从牛背上跳下，牵着道人的衣服，叫他为吕先生。道人问他："你怎么这样称呼我呢？你又是怎么认得我的呢？"小孩回答道："你便是我家中供养的那位，面目衣裳全一模一样，只是身体的大小尺寸不一样。"道人哈哈大笑，将一文钱放在小孩手中，告诫他说："你要买东西吃的时候，只用它就可以了，尽取尽有，就是不能告诉别人。"小孩很高兴，回到家中，偷偷告诉了他的父亲，张开手给父亲看，才用完一文钱，又有一文钱在手中。一个多月后，他父亲忽然起了贪心，就把竹畚放在一旁，叫他儿子伸出手来抖个不停，钱便源源不断落向畚箕，三天后，便得到一万钱。到第四日，却什么也没有了。

衔环

《搜神记》

汉时弘农[1]杨宝，年九岁时，至华阴山北，见一黄雀为[2]鸱鸮[3]所搏，坠于树下，为蝼蚁所困。宝见，悯之，取归置巾箱中，食以黄花。百余日，毛羽成，朝去，暮还。一夕三更，宝读书未卧，有黄衣童子，向宝再拜曰："我西王母使者，使蓬莱，不慎为鸱鸮所搏。君仁爱见拯，实感盛德[4]。"乃以白环四枚与宝曰："令君子孙洁白[5]，位登三事[6]，当如此环。"

---

① 弘农：古郡名。

② 为：被。

③ 鸱鸮（chī xiāo）：鸟名，古人对猫头鹰的叫法。

④ 实感盛德：非常感谢您的大恩大德。

⑤ 洁白：纯洁的美德。

⑥ 三事：指极高的官位。

译文

杨宝是汉代弘农郡人，九岁时，他在华阴山北看见一只黄雀被鸱鸮击伤，坠落在树下，一群蚂蚁将受伤的黄雀围困起来。杨宝怜悯黄雀，就把它带回家，放置在一个小木箱里，每天用菊花来喂养它。过了一百多天，黄雀的伤养好了，羽毛也长全了，它每天早上飞出去，晚上又飞回来。有一天晚上，夜过三更，杨宝还在读书，尚未睡觉。忽然，一个穿着黄衣服的少年来向杨宝再三拜礼，他对杨宝说：“我是西王母的使者，奉命到蓬莱仙山出使，不小心被鸱鸮击伤。承蒙您怜爱救助，非常感谢您的大恩大德。”说完，黄衣少年送给杨宝四枚白玉环，并说：“让您的子孙像这白玉一样品行高洁，位居三公。”

园客养蚕

《搜神记》

园客者，济阴人也。貌美，邑人多欲妻之[①]，客终不娶。尝种五色香草，积数十年，服食其实。忽有五色神蛾，止香草之上。客收而荐[②]之以布，生桑蚕焉。至蚕时，有神女夜至，助客养蚕。亦以香草食蚕，得茧百二十头，大如瓮。每一茧缫[③]六七日乃尽。缫讫，女与客俱仙去，莫知所如。

---

① 妻之：把女儿嫁给他。

② 荐：铺垫。

③ 缫（sāo）：缫丝，从热水浸泡的蚕茧中抽出丝来。

译文

园客是济阴人。他相貌俊秀，乡里人纷纷想把女儿嫁给他，但他始终不娶妻。园客曾经种了五色香草，连续种了几十年，吃它的果实。一天，忽然有一只五色神蛾，停在香草上面。园客收下了蛾，用布铺垫，神蛾在布上生了蚕卵。到了养蚕季节，有仙女在夜里降临，帮助园客养蚕。园客用香草喂蚕，最终获得一百二十个蚕茧，大得像瓮。每一只茧抽丝都要六七天才能抽完。抽丝完毕，仙女和园客一起升仙而去，没有人知道他们的去处。

智狐

《阅微草堂笔记》

沧州刘士玉孝廉[1]，有书室为狐所据。白昼与人对语，掷瓦石击人，但不睹其形耳。

知州[2]平原董思任，良吏也。闻其事，自往驱之。方盛陈[3]人妖异路之理，忽檐际朗言曰："公为官颇爱民，亦不取钱，故我不敢击公。然公爱民乃好名，不取钱乃畏后患耳，故

① 孝廉：明清时期对举人的称呼。

② 知州：一州的行政长官。

③ 盛陈：侃侃而谈。

我亦不避公。公休矣，毋多言取困[4]。”董狼狈而归，咄咄[5]不怡者数日。

刘一仆妇甚粗蠢，独不畏狐，狐亦不击之。或于对语时举以问狐。狐曰：“彼虽下役，乃真孝妇也。鬼神见之犹敛避，况我曹[6]乎？”刘乃令仆妇居此室，狐是日即去。

---

④ 取困：找麻烦。

⑤ 咄咄：表示惊诧或感叹。

⑥ 我曹：我辈。

译文

沧州举人刘士玉有家里一书房被狐妖占据了。这狐妖大白天公然与人对话，有时还抛砖掷石击人，但是谁也看不见它。

担任知州的平原人董思任是一位好官。董思任听说刘士玉家里有狐狸精作怪，便亲自前往驱逐狐妖。当他在刘家大谈人妖异路的道理时，忽闻狐妖在房檐间大声抢白他道："你为官还算懂得爱护老百姓，也不贪财，所以我不袭扰你。但你爱护老百姓，只是图个好名声；你不贪财，只是害怕留下后患，所以我也不怕你。你也别在这里饶舌，自讨没趣。"董思任被狐妖这般数落，狼狈逃回，心中闷闷不乐好几天。

刘家有个仆妇，看似粗朴笨拙，唯独她不怕狐妖，狐妖也不袭扰她。有人与狐妖对话时问狐妖为什么对那个笨女人特别尊重，狐妖说："她虽然是个仆妇下人，却是一位真正的孝妇。像她这样至诚孝道的人，连鬼神见了都要回避，何况是我们呢？"于是，刘士玉就请这位仆妇住进书房，狐妖当天便销声匿迹了。

李寄斩蛇

《搜神记》

东越[1]闽中有庸岭，高数十里，其西北隰[2]中有大蛇，长七八丈，大十余围，土俗常病。东冶都尉[3]及属城长吏，多有死者。祭以牛羊，故不得福。或与人梦，或下谕巫祝，欲得啖童女年十二三者。都尉令长并共患之，然气厉不息，共请求人家生婢子，兼有罪家女养之，至八月朝祭，送蛇穴口，蛇出吞啮之。累年如此，已用九女。尔时预复募索，未得其女。将乐县李诞家有六女，无男，其小女名寄，应募欲行，父母不听。寄曰："父母无相，惟生六女，无有一男，虽有如无。女无

---

① 东越：古族名。古代越人的一支，相传为越王勾践的后裔。

② 隰（xí）：低湿的地方。

③ 都尉：官名。辅佐郡守并掌全郡的军事。

缇萦[4]济父母之功，既不能供养，徒费衣食，生无所益，不如早死。卖寄之身，可得少钱，以供父母，岂不善耶？”父母慈怜，终不听去。寄自潜行，不可禁止。寄乃告请好剑及咋蛇犬。至八月朝，便诣庙中坐，怀剑，将犬。先将数石米餈[5]，用蜜麨[6]灌之，以置穴口。蛇便出，头大如囷[7]，目如二尺镜，闻餈香气，先啖食之。寄便放犬，犬就啮咋，寄从后斫得数创。疮痛急，蛇因踊出，至庭而死。寄入视穴，得其九女髑髅，悉举出，咤言曰：“汝曹怯弱，为蛇所食，甚可哀愍。”于是寄女缓步而归。越王闻之，聘寄女为后，拜其父为将乐令，母及姊皆有赏赐。自是东冶无复妖邪之物。其歌谣至今存焉。

---

④ 缇（tí）萦：汉代孝女。汉文帝时，太仓令淳于意有罪当受刑，被送到长安的监狱，他的小女儿缇萦随父至长安，上书请入身为官婢，赎父罪。汉文帝怜惜她，于是免除了淳于意的罪。

⑤ 餈（cí）：用糯米煮饭或用糯米粉、黍米粉制成的糕饼。

⑥ 蜜麨（chǎo）：炒熟的米粉或面粉和以蜜糖的食品。

⑦ 囷（qūn）：圆形谷仓。

译文

东越闽中地区有座庸岭，山高几十里，它西北低湿的地方有一条大蛇，长七八丈，粗十多围，当地老百姓经常受到祸害。东治都尉及所属县的长官，常有被它咬死的。拿牛羊去祭祀，仍然得不到福佑。它有时给人托梦，有时下令给巫祝，想要得到十二三岁的小女孩来吃。都尉县长都以此为患，但疾病灾疫没有停息，大家只好去征求人家奴婢生的女孩，以及犯了罪的人家的女儿养着，到八月初祭祀，送到蛇洞口，蛇出来吞食。多年这样，已经用了九个女孩。那一年又预先寻募女孩，却没有找到合适的。将乐县李诞家有六个女儿，没有男孩，他家小女儿名叫李寄，要应募前往，父母不同意。李寄说："父母没有福相，只生了六个女儿，没有一个儿子，虽然有孩子也跟没有一样。我没有缇萦救父母的功劳，既然不能奉养父母，白白浪费衣食，活着没什么用处，不如早死。卖了我，可以得到一点钱，拿来供养父母，难道不好吗？"父母慈爱女儿，始终不同意她去。李寄自己悄悄走了，父母没能阻止。李寄于是请求得到一把锋利的剑和一条咬蛇的狗。到了八月初，李寄就到庙中坐着，抱着剑，带着狗。她先拿几石米做的餈糕，用蜜糖麨面拌好，放在蛇洞口。蛇就出来了，头大得像谷仓，眼睛像二尺的镜子，闻到餈糕的香气，就去吃它。李寄便放开狗，狗去咬蛇，李寄从后面砍伤它好几处。伤口疼得厉害，蛇于是从庙里跳出，到院子里就死了。李寄进到蛇洞去看，找到九个女孩子的头骨，都拿了出来，叹息道："你们胆小懦弱，被蛇吃掉，真是可怜。"于是李寄姑娘就回家去了。越王听说这件事，聘娶李寄做王后，任命她的父亲为将乐县令，她母亲和姐姐都有赏赐。从那以后，东冶再没有妖怪。歌唱李寄的歌谣至今还在流传。

知识补给站

古代文化常识之文学常识

《诗经》 中国古代第一部诗歌总集，成书于春秋时期，分为风、雅、颂，共305篇，创作方法主要是赋、比、兴。

《春秋》 我国现存最早的一部编年体史书，相传经孔子修订而成。由于《春秋》记事简略，后世出现了对《春秋》进行注解的“传”，影响较大的有《左传》《公羊传》《穀梁传》，合称《春秋三传》。

诸子百家 春秋战国时期，诸子百家争鸣，儒家著作有《论语》《孟子》《荀子》，墨家著作有《墨子》，道家著作有《老子》《庄子》，法家著作有《商君书》《韩非子》，兵家著作有《孙子兵法》，杂家著作有《吕氏春秋》。这些著作多由集体创作

而成。

楚辞　战国时楚国的屈原开创了浪漫主义的新诗体“楚辞”，代表作有《离骚》《九歌》《天问》《渔父》等。

《史记》　我国第一部纪传体通史，西汉司马迁所作，分为十二本纪、三十世家、七十列传、十表、八书，共一百三十篇。《史记》“究天人之际，通古今之变，成一家之言”，被鲁迅称为“史家之绝唱，无韵之《离骚》”。

《汉书》 我国第一部纪传体断代史，东汉班固所作。

汉赋 一种延续楚辞的新诗体，代表作品有司马相如的《子虚赋》《上林赋》，扬雄的《甘泉赋》，枚乘的《七发》等。

乐府民歌 汉代的民歌经官方整理成为“汉乐府”，其中的名篇《孔雀东南飞》和北朝民歌《木兰辞》被称为中国诗歌史上的“乐府双璧”。

三曹 魏晋时期，曹氏父子被称为“三曹”，曹操创作了《观沧海》《蒿里行》《龟虽寿》等古体诗，曹丕的名篇有《燕歌行》，曹植则有《白马篇》《洛神赋》等名篇。

魏晋名士 “建安七子”是东汉建安时期七位著名文学家的合称，有孔融、陈琳、王粲、徐幹、阮瑀、应玚、刘桢。他们的作品多慷慨悲凉之风，掀起了五言诗的创作高潮。同时期，还有一位以才华著称的女诗人蔡琰，她创作了著名的《胡笳十八拍》和《悲愤诗》。魏晋时期，阮籍和嵇康的咏怀诗都对后代文学产生了影响。东晋的陶渊明更成为我国第一位田园诗人，他的散文《桃花源记》、诗歌《归园田居》等，为中国古典文学开辟了一个新境界。

唐诗　“初唐四杰”指王勃、杨炯、卢照邻、骆宾王。盛唐时期，王之涣的《凉州词》《登鹳雀楼》是绝句的珍品，边塞诗人王昌龄被称为“七绝圣手”，孟浩然、王维是山水田园诗人

的代表作家，岑参和高适则是唐代边塞诗人的杰出代表。李白是中国古典浪漫主义诗人的代表，世称“诗仙”。杜甫是中国古典现实主义诗人的代表，世称“诗圣”。贾岛和孟郊是“苦吟诗人”，时称“郊寒岛瘦”。晚唐时期政治凋敝，民不聊生，杜牧忧国忧民，李商隐则情思缠绵，诗句含蓄，二人并称“小李杜”。

唐代文学 中唐时期韩愈倡导了“古文运动”，成为“唐宋散文八大家”（其余为柳宗元和北宋时期的欧阳修、苏洵、苏轼、苏辙、王安石、曾巩）之首，与擅写寓言体散文的柳宗元并称“韩柳”。白居易与元稹共同领导了“新乐府运动”，主张“文章合为时而著，歌诗合为事而作”，其名篇《长恨歌》《琵琶行》《卖炭翁》等广为流传。

宋词 五代至北宋时期词作大量涌现，南唐后主李煜与北宋时的柳永、南宋时的女词人李清照，同为“婉约派”词人的代表。北宋的苏轼和南宋的辛弃疾，以“慷慨悲壮”的词风成为“豪放派”词人的代表，并称“苏辛”。

秋江晚艷

陆游　南宋文学家、史学家、爱国诗人，他一生创作了九千多首诗，在文学史上当属罕见。

元曲　元代出现了一种新型的文学样式——曲，元曲分为剧曲和散曲。元曲有“四大家”之说，即关汉卿、马致远、白朴、郑光祖。其中马致远被称为“曲状元”，他的《天净沙·秋思》被称为“秋思之祖”。

明代小说　明代的小说创作对后代文学产生了极大的影响。冯梦龙的《喻世明言》《警世通言》《醒世恒言》，合称为“三言”；凌蒙初的《初刻拍案惊奇》《二刻拍案惊奇》，合称为“二拍”。“三言二拍”是中国市井短篇小说的巅峰之作。罗贯中的《三国演义》、施耐庵的《水浒传》、吴承恩的《西游记》，则是长篇章回小说的代表作。

清代小说　清代长篇小说创作进一步发展。吴敬梓的《儒林外史》成功塑造出一批栩栩如生的人物形象，代表了中国古代讽刺小说的高峰。曹雪芹的《红楼梦》，是中国古代现

实主义文学创作的巅峰之作。清末出现了“四大谴责小说”，分别是李伯元的《官场现形记》、曾朴的《孽海花》、刘鹗的《老残游记》和吴趼人的《二十年目睹之怪现状》。